KB233554

아름다운 인성으로 행복한 세상을 만드는

성품, 향기 되어 날다

아름다운 인성으로 행복한 세상을 만드는

성품, 향기 되어 날다

지은이 이영숙

초판 1쇄 발행 2012년 9월 22일

초판 2쇄 발행 2012년 12월 10일

2판 1쇄 발행 2016년 2월 22일

발행처 (도)좋은나무성품학교

등록번호 제25100-2012-000057호

등록일자 2005년 7월 27일

주소 서울특별시 송파구 백제고분로 187

전화 1577-3828 **팩스** 02-558-8472

전자우편 goodtree@goodtree.or.kr

홈페이지 www.goodtree.or.kr

페이스북 / characterlee

ISBN 978-89-6403-238-1 13370

아름다운
인성으로
행복한
세상을
만드는

성품, 향기되어 날다

이영숙 지음

도서출판 좋은나무성품학교
GOODTREE CHARACTER SCHOOL PUBLISHING

시작하는 글

성품은 향기입니다.

좋은 성품은 좋은 향기가 나고

나쁜 성품은 나쁜 냄새가 납니다.

사람들은 악취는 싫어하고 향기는 좋아하면서도

내 성품이 향기 되기를 노력하지 않습니다.

성품이 눈에 보이지도 않고 구체적으로 우리 옆에 있다고 생각하지 않기 때문입니다.

그런데

조금만 옆으로 눈을 돌리면

우리가 고통 받는 진짜 이유는

바로 우리들의 성품 때문인 것을 금방 알게 됩니다.

지금 우리는…

가정과 학교와 모든 사회관계가

좋은 성품의 부족으로 힘들어 하고 있습니다.

이때
어디선가 불어오는 성품의 향기가
세상을 좀 더 행복하게 만들 수 있다는 희망을 갖고
이 책을 펼치게 되었습니다.

어디선가 불어오는 향긋한 냄새가
지친 심신을 행복하게 만들어 주듯
그 동안 좋은 나무에서 불어 온 '성품의 향기'들을 모아서
온 세상에 풀어놓아 봅니다.

8년간 빚어온
아름다운 성품의 이야기들이
오늘을 사는 한 사람에게 힘이 된다면
세상은 좀 더 행복해 질 것이라는 확신으로 문을 엽니다.

한 사람의 변화가
결국 세상을 변화시키는 힘이 되기 때문입니다.

이 책은

그동안 '성품을 가르치는 사람'으로 살아오면서

느꼈던 개인적인 생각들을 정리해 보았습니다.

그리고 다양한 방법으로 '성품'을 배웠던 사람들의

느낌과 감동들을 모아보았습니다.

그런데, 이 책이

유치원 아이부터 시작하여 초등, 청소년, 부모에게 이르기까지

전 세대가 함께 쓰는 이야기가 되었다는 것이 신기합니다.

그러니까, 성품교육의 감동은

모든 세대가 공유할 수 있는 '아름다운 가치'라는 것을

알 수 있습니다.

이렇게, 좋은 성품은

세상을 사는 모든 사람에게 감동이 되는

귀한 향기가 되어 돌아온다는

사실을 깨닫게 합니다.

이제, 필자는 좀 더 확신 있는 큰 목소리로

"좋은 성품으로 세상을 행복하게 만들 수 있습니다."라고

외칠 수 있게 되었습니다.

오늘, 이 글을 읽는 당신에게도

성품이 향기 되어 날아갔으면 좋겠습니다.

2012. 8. 8

좋은나무성품학교에서 이영숙 드림

CONTENTS

2부 성품, 세상을 향해 날다

| 성품이노베이션을 통한 향기 |

| 성품대화학교를 통한 향기 |

| 교사를 통한 성품의 향기 |

1부

성품은 향기입니다

01

성품은 향기입니다

'오스트리아 그린칭거 슈트라세 64번지'

베토벤의 집 주소입니다. 이곳은 그가 잃어가는 청력과 싸우면서 큰 고통 속에 머물던 집입니다. 그런데 그는 이 집에서 불후의 명작 '전원 교향곡'을 완성하게 됩니다.

음악가에게 귀가 들리지 않는다는 것은 죽음과도 같은 상실인데, 그는 운명을 이기고 불멸의 아름다운 곡을 이 집에서 작곡하게 된 것입니다.

베토벤은 동생 카를과 요한에게 보내는 '하일리겐슈타트 유서'에서 당시의 고통을 이렇게 고백합니다.

"지난 6년 동안 나는 절망적인 병에 시달리고 분별없는 의사들 때문에 병은 점점 더 심해졌다. 이제는 회복될 거라는 희망은 좌절되고 완치되는 것은 기대조차 할 수 없는 고질병이 되고 말았다. 다른 사람에게 들리는 목동의 소리도 나는 들을 수 없고 플루트 소리도 전혀 들을 수 없게 되었다. 그럴 때마다 절망의 늪에 빠져 스스로 죽고 싶은 유혹마저 들곤 한다. 그러나 내가 내 사명을 다하지 못한 채 이 세상을 저버려서는 안 된다는 생각이 들었다…"

그는 집 주위에 있는 하일리겐슈타트의 숲길을 산책하면서 자신이 짊어지고 가야 할 절망과 고통의 무게를 감당했습니다. 영감이 떠오를 때마다 들을 수 없는 피아노를 밤낮으로 치면서 자신의 운명과 싸워나갔습니다. 그 고통의 산물로 얻어진 것이 바로 '전원 교향곡'입니다.

이 곡이 우리에게 아름다움으로 들리는 이유는 그가 고통을 이기고 승리한 노래이기 때문입니다. 우리가 그 음악을 들으며 감동하는 것은 음악 뒤에 있는 그의 빛나는 성품 때문입니다. 절망스런 환경을 딛고 긍정적인 태도와 인내의 성품으로 완성된 그의 삶을 볼 수 있기 때문입니다. 그의 음악은 고통을 포기하지 않은 그의 성품이 빚어낸 향기가 되어 세상으로 날아올랐습니다.

성품은 향기입니다.

고통과 절망 속에서도 좌절하지 않고 승리한 좋은 성품은 꽃이 되어 가슴에 남고 향기 되어 세상에 날아갑니다.

사람들은 이 성품의 향기로 인하여 감격합니다.

똑같은 삶의 무게와 고통이 내게 덮칠 때

어떤 태도로 앞으로 나아가야 하는지 모델링이 되기 때문입니다.

성품의 향기~

척박한 환경 속에서 어디를 보아야 하는지를 알게 하는 힘이 됩니다.

그 향기는 나의 환경과 삶의 조건 속에 머물지 않고 알지 못했던 가능성의 꽃을 피워주는 생명이 됩니다.

그 생명이 향기 되어 날 때 세상은 행복해하며 함께 기뻐합니다.

02

행복이란 무엇일까요?

만약, 1억의 복권에 당첨된다면 여러분은 행복할까요? 10억이라면 어떻습니까? 더 많이 행복할까요?

많은 사람들이 경제적으로 넉넉해지면 행복해질 것이라고 생각합니다. 복권에 당첨되면 가장 먼저 하고 싶은 것이 직장부터 그만두는 것이라고 합니다. 그런데 여기, 복권에 당첨되어 직장을 떠났다가 다시 돌아온 한 여인이 있습니다.

영국 월트셔의 한 대형마트에서 근무하던 니키 쿠삭(46)은 2009년 그녀의 소원대로 249만 파운드(43억 7000만원) 복권에 당첨됩니다. 그리고 아쉬움 없이 곧바로 직장을 떠나게 되지요. 하지만 그녀는 2년 만에 다시 월트셔로 돌아오게 됩니다.

"경제적으로는 여유로워 졌지만 직장을 그만둔 뒤 갑작스럽게 변한 삶이 낯설어서 전혀 행복하지 않았다."며 복귀한 이유를 말했습니다. 경제적으로만 넉넉해지면 인생이 행복할 것이라고 생각했던 쿠삭의 기대와는 달리, 그녀는 직장을 떠나자 갑자기 변화된 삶에 적응하기 어려웠고 갑자기 들어온 돈을 쓰는 것도 힘들어서 25만 파운드(4억 9000만원)짜리 집을 샀을 뿐 대부분의 돈을 그대로 남겨뒀다고 합니다. 또한 이듬해 개들에게 물리는 사고를 당해 병원에 입원하게 되고 2달 만에 유방암 진단을 받게 되었지요. 쿠삭은 "매일 누워만 지내는 나날이 계속되면서 건강하게 일했던 날들이 얼마나 행복했었는지 깨닫게 됐다."고 말했습니다.

건강을 회복한 쿠삭은 그리워했던 직장에 다시 복귀했습니다. 왜 돌아왔냐는 일부 직원들의 핀잔과 영국 최저임금 수준인 시간당 6.5파운드(1만 1000원)의 박봉에도 쿠삭은 매일 10시간씩 행복하게 일하고 있습니다.

쿠삭은 "복권에 당첨되기 전에는 나의 평범한 삶이 이렇게 행복한 것인지 미처 깨닫지 못했었다. 친구와 함께 일하고 우정을 나눌 수 있는 직장이 있어 정말 행복하다."고 말했습니다. 일을 하면서 건강도 많이 회복했다는 쿠삭은 지금은 당첨금으로 암환자들을 위해 기부하며 지내고 있습니다.

그녀의 이야기는 행복이 평범한 우리의 일상에 달려 있음을 깨닫게 해줍니다. 행복이란 '몸과 마음이 더 바랄 것이 없이 충만한 상태'를 말합니다. 그 충만함은 인생의 조건이나 환경에 따라 좌우되지 않습니다. 우리 마음가짐에 달려 있습니다.

'지금 나는 참 행복하다'고 생각하고 말해 보세요. "나는 지금 더 이상 바랄 것이 없어" 하고 자신에게 그리고 옆에 있는 사람에게 표현해 보세요. 행복은 그렇게 말하는 사람에게 달려옵니다.

자녀에게 "나는 너희만 보면 더 바랄 것이 없어."하고 말해 주세요. 행복바이러스가 되어 자녀의 행복을 지켜 줍니다. 배우자에게 "나는 당신만 보면 더 이상 바랄 것이 없어요."라고 말해 주세요. 행복 보약이 되어 더욱 행복해 집니다. 내가 만나는 모든 사람들에게 행복을 전달해 주는 행복한 성품이 되시기를 바랍니다.

03

하인리히 법칙을 아시나요?

하인리히 법칙을 아시나요? 하인리히 법칙(Heinrich's Law)이란 1929년 하버드 윌리엄 하인리히(H.W.Heinrich)가 5만 건의 사건과 사고를 분석해서 얻게 된 결론입니다. 큰 재해 1건이 발생할 때, 그 이전에 동일한 원인에 의해 작은 재해가 29건 발생하고, 재해로는 이어지지 않았지만 사고가 날 뻔한 경우가 300건 정도 있었다는 것입니다. 하인리히 법칙에 의하면 큰 사고는 우연히, 갑작스럽게 발생하는 것이 아니라 이전에 반드시 경미한 사고들이 반복되어 있었다는 사실입니다. 그러므로 큰 재해는 사소한 것들을 방치할 때 발생한다는 것을 증명한다는 이론입니다.

이 이론을 사람이 사는 관계에 적용해 보면 무심코 스쳐 지나가듯 저지르는 행동들이 나중에는 서운한 감정과 걷잡을 수 없는 큰 상처로 발전하여 관계의 벽을 만들기도 하고 무참히 깨어지기도 합니다. 반대로 사소하게 베풀었던 작은 친절이 큰 행운으로 이어지기도 합니다.

황혼 이혼이 늘고 있는 오늘날의 문제가 바로 지난날의 사소한 감정들이 모여 홍수가 되어 벽을 허무는 것 아닌가 생각하게 됩니다. 이제 우리는 어떻게 해야 할까요? 바로 배려의 성품이 필요할 때 입니다. 배려란 '나와 다른 사람 그리고 환경에 대하여 사랑과 관심을 갖고 잘 관찰하여 보살펴 주는 것'(좋은나무성품학교정의) 입니다. 즉, 진정한 배려는 상대방의 입장에서 생각해 보고 세심하게 관찰하여 보살펴 주는 것입니다.

데일 카네기는 "먼저 타인을 배려하라. 배려하는 마음, 그것이 곧 진정한 사랑이다." 라고 말했습니다. 오늘 만나는 사람의 작은 목소리를 크게 들어주는 세심한 배려, 이것이 바로 세상을 향한 당신의 사랑입니다.

04

세상을 바꾸는 말 한마디

세상을 바꾸는 말 한마디는

"감사합니다" "고맙습니다" "다 당신 덕분입니다"라고 말하는 것입니다.

다른 사람이 나에게 어떤 도움이 되었는지 인정하고 말과 행동으로 고마움을 표현하는 감사는 바로 아름다운 세상을 여는 새로운 출입문이랍니다.

세상에서 가장 아름다운 말 한 마디는

"미안해요" "용서해 주세요" "모두 다 내 탓입니다"라고 말하는 것입니다.

모든 잘못을 상대방에게 두고 비난과 불평을 한다면 벌써 이별을 예비하고 있다는 것을 알아야만 합니다. 기억하세요. 먼저 용서를 구하는 말 한 마디가 아름다운 세상을 열어줍니다.

세상에서 가장 행복한 말 한마디는

"도와주세요" "그렇게 해주길 바라" "당신이 이렇게 해 주었으면 좋겠어요"라고 말하는 것입니다.

강요와 지시, 설득과 협박을 피하고 요청하는 마음으로 표현하는 말 한 마디가 듣는 사람도 행복하게 해주고 말하는 사람의 행복을 지켜 줍니다.

세상에서 가장 소중한 말 한마디는

"사랑해" "이해할 수 있어" "얼마나 힘들었을까?"라고 마음을 표현해 주는 것입니다.

이 세상에 서로를 공감해 주는 한 사람만 있어도 세상은 외롭지 않은 법이지요. 내 마음을 알아주는 한 사람, 그 사람이 세상을 바꾸는 향기가 됩니다.

성품은 표현되어 나올 때 향기 되어 날아갑니다.

05

귀 기울이는 사랑, 경청

항상 잘 듣는 이의 모습은 아름답습니다.
해결의 길에선 아직 멀리 있어도
제 말을 잘 들어준 것만으로도
이미 큰 위로가 되었습니다.
온 몸과 마음을 집중해서 저를 들어주는 당신의 모습에서
하나님의 사랑을 체험했습니다.
판단은 보류하고 먼저 들어주는
사랑의 중요성을 다시 배웠습니다.
잘 듣는 것은 마음의 문을 여는 것
기다리고 이해하고 신뢰하는 것
편견을 버린 자유임을 배웠습니다.
잘 들어 주는 이가 없어 외로운 이들에게
저도 당신처럼
사랑의 벗이 되고 싶습니다.

_이해인 수녀의 《귀 기울이는 사랑》

이해인 시인의 글입니다.

항상 잘 듣는 이의 모습이 아름다운 이유는 경청해주는 것이 바로 사랑이기 때문입니다.

경청이란 '상대방의 말과 행동을 잘 집중하여 들어 상대방이 얼마나 소중한지 인정해 주는 것'(좋은나무성품학교 정의)입니다. 경청이 바로 다른 사람에게 보여주는 사랑이고 존중입니다.

06

좋은 성품으로 복을 만드세요

1. 세상을 향해 경청하세요. 작은 소리도 귀중하게 들어주는 경청의 태도는 나와 다른 사람이 얼마나 소중한 존재인지 인정하게 합니다. (경청의 복)

2. 자신을 먼저 사랑하세요. 내가 나를 사랑해야 다른 사람도 사랑할 수 있습니다. 내가 얼마나 귀한지 아는 것이 세상이 어떤 곳인지 아는 첫걸음입니다. (기쁨의 복)

3. 언제나 밝은 얼굴로 사람들을 대하세요. 희망을 품은 긍정적인 태도의 밝은 얼굴이 복을 부른답니다. 눈꼬리는 내리고! 입꼬리는 올리고! 눈은 반짝반짝! (긍정적인 태도의 복)

4. 힘들다고 포기하지 마세요. 새벽이 가까울수록 밤은 깊고 정상이 가까울수록 힘이 들게 마련입니다. 계곡이 깊을수록 산이 높은 법, 힘들다고 포기하는 그 순간을 참아내는 인내의 성품이 성공

하는 비결입니다. (인내의 복)

5. 옆에 있는 사람에게 무엇이 필요한지 관심을 갖고 살펴보세요. 사랑과 관심을 갖고 잘 살피면서 도움의 손길을 펼쳐 보이는 배려의 성품이 그대로 내게 복이 되어 돌아옵니다. (배려의 복)

6. 모든 일에 감사하세요. 감사하기 시작할 때 새로운 출입문이 열린답니다. 내게 도움을 준 사람들을 찾아가 고마움을 표현하세요. 막혔던 담들을 헐어내는 비결이 됩니다. (감사의 복)

7. 사랑하는 이에게 기쁜 마음으로 순종하세요. 순종은 분별해서 내게 좋은 것만 따르는 것이 아니랍니다. 내가 존중해야할 나의 권위들을 하늘에서 내려 주신 인연이라고 생각하고 기쁜 마음으로 즉시, 지시에 완벽하게 수행하고 사랑할 때 복이 되어 돌아옵니다. (순종의 복)

8. 마음을 잘 지키세요. 생명의 근원은 마음에 있습니다. 세상을 얻어도 마음이 무너지면 힘이 없는 승리입니다. 나의 마음이 무너지지 않도록 잘 지키는 것이 행복을 지키는 복이랍니다. (절제의 복)

9. 책임지는 사랑의 모범을 보여주세요. 그 책임감을 통해 진정한 사랑이 무엇인지 배울 수 있습니다. 사랑할 수 없을 때 포기하지 않고 끝까지 사랑하는 책임감은 무너진 울타리를 다시 세웁니다. (책임감의 복)

10. 아닌 것은 'NO' 맞는 것은 'YES'라고 말하세요. 나의 생각, 말, 행동을 있는 그대로 표현하는 정직한 성품은 세상이 나를 끝까지 신뢰하고, 안전하게 만드는 복이 됩니다. (정직의 복)

11. 날마다 똑같은 일상으로 지쳐있다면 오늘만은 톡톡 튀는 전혀 다른 생각으로 새로운 하루를 활력 있게 만들어 보세요. 모든 생각과 행동을 새롭게 시도해보는 창의적인 오늘 하루가 행복한 내일을 만듭니다. (창의성의 복)

12. 내가 알고 있는 지식을 다른 사람에게 유익이 되도록 나누어 주세요. 혼자서 알고 있는 많은 지식이 다른 사람에게 행복을 줄 수 없다면 아무 소용이 없답니다. 많이 알고 있는 사람은 세상을 더 많이 사랑해야 하는 지혜의 복이 임한 사람입니다. (지혜의 복)

07

앨리슨 래퍼,
자신을 사랑한 여인

앨리슨 래퍼는 1965년 영국에서 팔다리가 기형인 질병(선천성 희귀 염색체 이상)을 안고 태어나, 생후 6주 만에 거리에 버려져 보육원에서 자랐습니다. 그녀는 부모의 사랑도 받지 못하고 친구도 없이 사람들에게 괴물이라고 놀림을 받으며 눈물 속에서 비참하게 살아가고 있었지요.

어느 날, 그녀는 새로운 결심을 하게 됩니다. 자신을 있는 모습 그대로 사랑하기로 결심한 것이지요. 장애가 있는 자신의 몸을 아무리 부끄러워한다고 현실이 바뀌지 않는 다는 것을 알게 된 것입니다. 비록 팔다리가 없는 장애의 몸이지만 적극적으로 자신이 할 수 있는 것들을 찾기 시작했습니다. 그리고 자기가 가장 잘 할 수 있는 일이 미술이라는 것을 알게 됩니다. 그녀에게는 손이 없지만 좌절하지 않고 입과 발로 붓을 잡아 그림을 그리기 시작했습니다. 사람들은 그녀에게 주목하기 시작했고 드디어 미술대학에 진학하게 됩니다. 사람들은 더 이상 그녀를 놀릴 수 없었습니다.

그녀는 자신만의 세계를 구축하여 그 속에서 자신을 자유롭게 표현하기 시작했습니다. 불편한 의수와 의족을 과감하게 벗어던져 오히려 자신의 장애를 그림으로 표현했지요. 사람들은 그녀의 작품에 열광하기 시작했고, 감동을 받았습니다.

앨리슨 레퍼는 자신의 몸으로 누드 사진을 찍었고 세상에 장애의 몸도 아름답다는 것을 알리기 시작했습니다. 그리고 임신 9개월째에는 영국 조각가 마크 퀸의 모델이 되기도 했답니다. 그녀의 조각 작품은 영국 공모전에 입상하여 트라팔가의 광장에 세워지기까지 했습니다. 그녀는 장애의 편견과 금기를 깬 위대한 예술가로 인정받아 '2005년 세계여성상(Women's World Awards) 여성성취상'을 수상하기도 했습니다. 그녀는 늘 자신에게 이렇게 말하며 다짐하곤 했습니다.

"장애를 가졌다고 해서 골방에 틀어박혀 숨어 지내면 그건 나 자신을 보호하는 게 아니라 더더욱 나를 외롭게 하고 슬프게 하는 일이야. 나는 내가 이 세상에 존재하고 있다고, 내가 당신들과 다를 바가 없다고 외치고 싶어. 나를 알려야 나는 존재할 수 있고 대우 받을 수 있고 어쩌면 존경을 받을 수도 있어. 결국은 내 몫이야. 비난이든 존경이든 말이야. 나는 할 거야. 뭐든지 적극적으로!"

자신의 모습을 있는 그대로 사랑할 줄 아는 사람에게 '기쁨'의 성품이 있습니다. 기쁨이란 '어려운 상황이나 형편 속에서도 불평하지 않고 즐거운 마음을 유지하는 태도'(좋은나무성품학교 정의)입니다. 자신을 사랑할 줄 아는 사람이 어떠한 상황에서도 즐거움을 유지할 수 있습니다.

다른 사람이 나를 인정하기를 기다리지 말고 내가 먼저 내 모습을 있는 그대로 인정하며 살아갑시다. 그것이 모든 부끄러움에서 벗어나 당당해지는 기쁨을 소유할 수 있는 사람이 되는 비결입니다.

08

인생의 마지막 5분

도스토옙스키에게 사형이 선고되었습니다. 그리고 그에게 마지막 5분이 주어졌습니다. 사형수는 그에게 5분 동안 유언을 하라고 했습니다.

그는 옆에 있는 사형수에게 한 마디씩 작별 인사하는데 2분, 오늘까지 살아온 생활을 정리해 보는데 2분, 나머지 1분은 대지를, 산과 자연을 둘러보는데 쓰기로 했습니다. 눈에 고인 눈물을 삼키면서 작별인사를 하고 가족들을 잠깐 생각하는데 벌써 2분이 지나 버렸습니다. 그리고 자신에 대하여 돌이켜 보려는 순간 '3분 후면 내 인생도 끝이구나'하는 생각이 들자 눈앞이 캄캄해졌습니다.

갑자기 그는 지난 28년이란 세월을 아껴 쓰지 못한 것이 후회되었습니다.

'다시 한번 더 살 수 있다면 순간순간을 아껴서 쓰련만. 이제 마지막이구나'

순간 사형 집행자가 총대에 탄환을 장착하는 소리가 들렸습니다. 그런데 그 때, 갑자기 한 병사가 흰 수건을 흔들면서 사형장으로 말을 타고 달려왔습니다. 특사는 놀라운 왕의 엄명을 전달했습니다. 도스토엡스키에게 사형 대신 시베리아로 유배시키라는 명이 떨어진 것입니다.

그날 이후 도스토엡스키는 자신에게 주어진 삶을 감사하면서 최선을 다하여 뜻깊게 살기로 결심합니다. 그리고 시베리아 유배지에서 자신의 시간을 아끼면서 주옥같은 명작들을 집필했습니다. '죄와 벌' '카라마조프의 후예들'과 같은 불후의 명작들을 남기는 후회 없는 일생을 살았습니다.

만약 여러분의 인생에 5분이 남게 된다면 무엇을 하겠습니까? 인생은 5분의 연속입니다. 성경은 "세월을 아끼라"라고 말합니다. 세월을 아끼는 것, 이것이 바로 지혜입니다. 지혜란 '내가 알고 있는 지식을 나와 다른 사람들에게 유익이 되도록 사용할 수 있는 능력'(좋은나무성품학교 정의)입니다.

마지막 5분이 남아 있다면, 당신은 무엇을 선택하시겠습니까?

09

소중한 하루의 깨달음

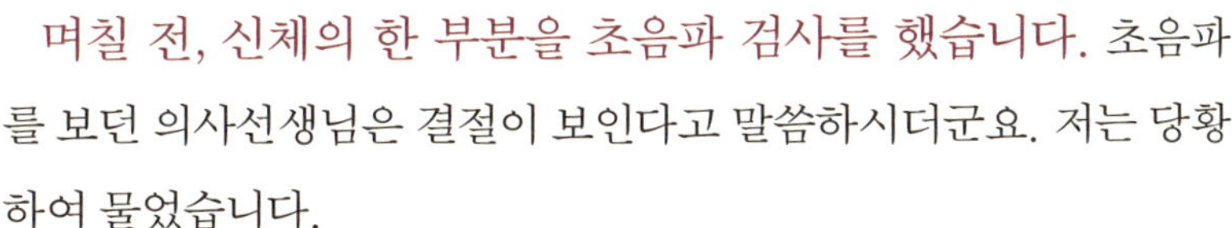

며칠 전, 신체의 한 부분을 초음파 검사를 했습니다. 초음파를 보던 의사선생님은 결절이 보인다고 말씀하시더군요. 저는 당황하여 물었습니다.

"결절이 뭐예요?"

"혹입니다."

"어머, 그럼 나쁜 건가요?"

"글쎄요. 조직검사를 해 봅시다."

조직검사란 말에 순간 가슴이 철렁했습니다. 그날 같은 병원에 있던 저의 주치의가 오셔서 이야기합니다.

"저 의사 선생님은 이 분야 최고입니다. 저분이 조직검사하자고 하면 뭔가 감이 와서 하는 말이에요."

아, 잠시 앞이 캄캄해 지는 순간이 찾아왔지만, 마음을 진정시키고 일단 문자로 남편과 아들들에게 이런 상황을 알렸습니다. 그리고 목욕탕으로 갔습니다. 내일 여차하면 어디론가 깊은 산속으로 들어가 세례 요한처럼 광야에서 살기로 마음먹었기 때문입니다.

그날 밤, 지금이 내 삶의 마지막이라면 나는 무엇을 얻었고 무엇을 아쉬워해야 하는지 진지하게 생각해 보았습니다. 먼저 내 삶에서 얻은 것 중 가장 귀한 것은 남편과 세 아들, 그리고 하나님의 '성품'을 찾아 여행을 떠난 일이라고 정리가 되었습니다. 그리고 이 순간 해야 할 일 중 가장 큰 아쉬움이 남는 것이 하나 있었습니다. 바로 다음 세대의 영성 교육을 위해 시작한 다니엘 캐릭터 스카우트였습니다. 다시 한 번 정신을 가다듬고 그날 새벽 4시에 일어나 미완성된 다니엘 스카우트 교본 1장을 쓰기 시작했습니다. 꼬박 4시간 만에 완성하고, 새벽에 연구소 연구원들에게 내가 여기까지 했으니 다음을 부탁한다고 메일로 보냈습니다.

그날 아침, 식구들과 레스토랑에 가서 마지막 정찬의 분위기로 엄숙하게 아들에게 부탁했습니다.

"아들아, 엄마의 강의를 네가 모두 소화해서 엄마 대신 강의 해줘."

"그럴게요."

아들이 듬직하게 약속합니다. 옆에서 듣고 있던 남편이

"여보, 인터넷으로 찾아 봤는데 1센티에서 2센티 까지는 1기라서 생존 확률이 98%래. 너무 걱정하지 말고 믿음으로 기도하며 기다려 봅시다."

겉으로는 태연한 척하는 남편이 그래도 내심 걱정이 되었나 봅니다.

그 다음날 남편과 함께 드디어 병원으로 가서 긴장된 마음으로 조직검사를 시작했습니다. 모든 검사를 다 마치고 기다리는 남편에게 의사가 다가와 말합니다.

"사모님은 걱정 안 하셔도 되겠습니다. 예감이 좋아요. 저는 이 분야 임상이 많아서 벌써 조직검사 할 때 알 수 있어요. 나쁜 것 아니니 크게 걱정 안하셔도 됩니다."

결과는 1주일 후에 나오지만 본인의 감으로 죽을병은 아니니 안심하라는 것입니다. 이 감 좋으신 의사 선생님 덕분에 2틀 동안의 저는 삶과 죽음의 갈림길에서 진지하게 인생을 생각해 보게 되었고, 제겐 유익이었습니다.

그런데 정말 날마다 오늘이 마지막인 것처럼 살아야 하겠습니다. 내 삶의 1분, 1초가 귀하고 아깝더군요.

10

감사가 축복인 이유

감사란 '다른 사람이 나에게 어떤 도움이 되었는지 인정하고 말과 행동으로 고마움을 표현하는 것'(좋은나무성품학교 정의)입니다.

감사는 어려울 때 표현해야 가치가 있습니다. 감사할 수 없을 때 하는 감사는 축복의 부메랑이 되어 돌아옵니다. 지금 당하고 있는 고통이 너무 크다는 것은 이루어야 할 꿈도 크다는 뜻입니다. 우리가 실망하지 말아야 할 분명한 이유는 우리가 겪는 고통의 무게가 바로 우리가 이루어야할 꿈의 무게이기 때문입니다.

지금 경제적으로 어렵다면 감사하세요. 이제 곧 경제적인 축복을 감당하지 못할 정도로 받게 될 것입니다. 경제적인 어려움을 경험해본 사람이 풍요의 축복을 지켜 낼 자격이 주어집니다. 지금 인간관계로 어렵다면 감사하세요. 지금 지도자 수업을 받고 있는 것입니다. 리더에게는 인간관계가 가장 큰 어려움이고 가장 큰 축복이라는 것을 몸으로 배우고 있는 중이랍니다.

감사는 언제 할까요? 바로 지금, 인생의 고난에 빠졌다고 생각되는 지금이 감사할 그 때입니다.

11

감사만이 꽃길입니다

감사만이 꽃길입니다.
누구도 다치지 않고 걸어가는 향기 나는 길입니다
감사만이 보석입니다.
슬프고 힘들 때도 감사할 수 있으면
삶은 어느 순간 보석으로 빛납니다.
감사만이 기도입니다.
기도 한줄 외우지 못해도 그저 고맙다, 고맙다 되풀이 하다보면
어느 날 삶 자체가 기도의 강으로 흘러
가만히 눈물 흘리는 자신을 보며 감동하게 됩니다.

_ 이해인 수녀의 《감사예찬》

좋은 성품은 아무리 고통스런 삶 속에서도 우리를 빛나게 만드는 에너지와 같습니다. 삶의 고통까지 감사할 수 있는 통찰력을 가진 사람을 우리는 '성품리더'라고 부르지요. 성품은 또 노련한 선장처럼 우리 삶을 결코 비굴하거나 도도하지 않게 이끌어 행복이라는 항구에 이르도록 도와줍니다.

감사는 표현할 때 비로소 기쁨이 된다는 것을 기억하세요. 감사란, '다른 사람이 나에게 어떤 도움이 되었는지 인정하고 말과 행동으로 고마움을 표현하는 것'(좋은나무성품학교 정의)입니다. 부족한 가운데서도 감사한 것을 찾아내며 어려움 속에서도 감사하기 때문에 항상 웃음이 있습니다. 아무것도 아니라고 생각하면 아주 평범한 일상이지만 감사하기 시작할 때 기적이 일어납니다. 잊지 마세요. 아픔도 나의 성장을 위해 꼭 필요했다는 사실을 인정하는 능력, 그것이 바로 고결한 성품을 갖게 만드는 비결이랍니다. 힘들 때 표현하는 감사가 빛이 납니다.

12

포기하지 말라

"우리는 역경으로부터 미래의 힘을 키울 방법을 배워야 한다. 과거와 현재가 싸우도록 버려두면 미래를 잃게 될 것이다. 나는 여러분에게 피, 수고, 눈물, 그리고 땀 밖에 달리 드릴 것이 없다. 자, 단합된 우리의 힘을 믿고서 우리 모두 전진하자. 모든 고귀한 것에는 대가가 있다.

그 대가는 인내와 관용이다. 우리는 흔들리지 않을 것이며 우리는 지치지 않을 것이다. 우리는 비틀거리지도 실패하지도 않을 것이다. 포기하지 마라! 포기하지 마라! 절대로! 절대로!"

윈스턴 처칠의 연설입니다. 그는 오늘도 절대로 포기하지 말 것을 우리에게 당부하고 있습니다. 역경으로부터 미래의 힘을 키울 수 있는 방법은 인내의 성품으로 가능합니다. 미래를 얻기 위한 사람은 절대로 포기하지 않아야 합니다.

인내란 '좋은 일이 이루어질 때까지 불평 없이 참고 기다리는 것'(좋은나무성품학교 정의)입니다. 이와 같은 인내로 삼중고의 장애를 갖고 있는 아이를 48년 동안 가르쳐온 한 스승이 있습니다. 인내의 삶을 산 스승의 이야기를 소개합니다.

미국 보스턴의 어느 정신병원에 한 소녀가 수용되었습니다. 소녀의 아버지는 알코올 중독자였으며, 어머니는 결핵으로 사망하였고, 사랑하는 동생마저 죽고 말았습니다. 이렇게 불우한 가정에서 자란 소녀는 그 충격으로 정신질환에 걸렸고 실명까지 하게 되었습니다.

심한 정신질환을 갖게 된 소녀는 사람들이 다가오면 괴성을 지르며 사납게 공격하기 일쑤였고, 병원에서도 회복 불가능하다고 판명해 포기한 상태였습니다.

그런데 어느 날, 은퇴한 늙은 간호사 한 사람이 이 소녀를 돌보겠다고 나타났습니다. 그 간호사는 소녀를 사랑과 관심을 갖고 관찰하며 진심으로 보살펴 주기 시작했습니다. 그녀의 보살핌은 6개월 동안 지속되었지요. 늙은 간호사는 소녀에게 매일 찾아가 과자도 주고, 책을 읽어주며 진심으로 위로해 주었습니다.

"아이야, 나는 너를 정말 사랑한단다."

아무런 반응이 없었던 소녀는 점차 늙은 간호사에게 마음을 열고 밝은 웃음을 갖게 됩니다. 그리고 기적적으로 정상적인 삶을 찾아가기 시작했지요. 한 간호사의 헌신과 사랑은 소녀의 삶에 큰 원동력이 되었습니다. 소녀는 자신이 받은 사랑을 훗날 자신과 비슷한 장애를 갖고 있는 다른 소녀에게 되돌려 주게 됩니다. 이 소녀가 바로 삼중고의 장애를 겪고 있던 헬렌 켈러를 48년간 인내하며 가르친 스승 앤 멘스필드 설리번여사입니다.

퍼킨스 맹학교를 졸업한 뒤 수술을 받고 시력을 조금이나마 회복할 수 있게 된 앤 설리번 여사는 그 다음해에 헬렌 켈러를 만나게 됩니다. 헬렌 켈러를 가르칠 결심을 하게 된 설리번은 인내와 창의력을 발휘하여 헬렌 켈러를 가르치기 시작했지요. 하지만 삼중고의 장애를 갖고 있으며 6세가 될 때까지 최소한의 교육도 받지 못한 헬렌 켈러를 가르치기란 쉬운 일이 아니었습니다.

설리번은 헬렌 켈러에게 얼굴 씻는 것부터 머리 빗기, 나이프와 포크 사용하는 방법 등 일상생활의 기본적인 태도부터 가르치기 시작합니다. 헬렌 켈러를 가르치는 것은 그야말로 끊임없는 사투의 연속이었지요. 하지만 설리번은 희망을 갖고 인내의 성품을 발휘하며 헬렌 켈러를 가르칩니다.

그녀는 헬렌 켈러의 손바닥에 숫자와 알파벳을 적어 글자와 사물의 이름을 가르쳤고, 자신의 후두에 헬렌 켈러의 손가락을 대어 진동을 느끼게 하여 말하는 법을 익히게 했습니다. 무엇보다 헬렌 켈러를 포기하지 않고 항상 그녀 옆에서 응원해주었습니다.

"시작하고 실패하는 것을 계속 하거라. 실패할 때마다 무엇인가 성취할거란다. 네가 원하는 것은 성취하지 못할 지라도 무엇인가 가치 있는 것을 얻게 될 거란다."

이러한 설리번의 인내와 사랑의 가르침으로 헬렌 켈러는 절망에서 벗어날 수 있게 되고, 하버드 대학까지 입학하게 되어, 많은 사람들에게 빛을 주는 소망의 등불이 되었습니다.

헬렌 켈러가 승리하는 인생을 살기까지 그 인생 뒤에는 48년의 긴 시간을 함께 해준 앤 설리번 선생의 인내의 성품이 빛을 발했기 때문입니다. 포기하지 않는 인내의 사랑은 이처럼 세대를 타고 기적을 만들어 냅니다.

인내란 '좋은 일이 이루어질 때까지 불평 없이 참고 기다리는 것'(좋은나무성품학교 정의)이라는 진리를 알고 실천한 평범한 사람들 속에서 말입니다.

13

꿀벌의 책임감

좋은나무성품학교에서는 책임감의 동물인 꿀벌에 대해 가르치고 있습니다.

꿀벌 한 마리가 한 스푼의 꿀을 만들어내기 위해서는 꽃에서 꿀을 가져오는 일을 5만 6천 번이나 반복해야 한다고 합니다. 평균적으로 꿀벌은 전 세계를 3번 도는 것만큼의 거리를 날아야 우리가 비스킷을 한번 찍어 먹는 꿀을 만들어 낼 수 있는 것이지요. 그 단조로운 일을 끝까지 맡아서 잘 수행하는 꿀벌들에게 박수를 보내고 싶습니다.

책임감이란 '내가 해야 할 일들이 무엇인지 알고 끝까지 맡아서 잘 수행하는 태도'(좋은나무성품학교 정의)입니다.

이 시대의 꿀벌들이여! 오늘의 단조로운 일상들을 잘 감당해 내는 것이 우리가 살고 있는 세상을 지탱하는 나의 책임감이라는 것을 잊지 맙시다. 매일매일 쌓아가는 나의 작은 일상들이 모여 커다란 세상을 만들어 갑니다.

14

역경을 이겨내는 힘, 성품

사람들의 비난과 모함으로 고난의 늪에 빠져본 적 있나요? 인터넷이 발전하면서 악플을 견디지 못해 자살하는 연예인들이 많고, 친구들에게 따돌림 받고 견디지 못해 결국 자살하는 청소년들이 늘어만 가는 요즘입니다.

이들은 한결같이 마지막 편지에 다른 사람들을 탓하고 죽어갑니다. 그런데 필자는 이렇게 만든 타인도 문제이지만 더 큰 문제가 당사자들에게 있다고 생각합니다. 고난을 헤치고 역경을 이겨낼 성품이 부족한 탓이라고 생각합니다. 좋은 성품으로 연마하여 역경을 이겨낼 힘을 길러야 합니다.

자신을 매장하기 위해 던진 비방과 모함과 굴욕의 흙들을 이용해 승리의 발판으로 삼은 당나귀의 우화를 소개해 봅니다.

어느 날, 농부가 기르던 당나귀가 우물에 빠졌습니다. 농부는 슬프게 울부짖는 당나귀를 구할 방법이 생각나지 않았습니다. 마침 당나귀도 늙었고, 쓸모없는 우물도 파묻으려고 했던 터라 농부는 당나귀를 단념하고 동네 사람들에게 도움을 청해 흙을 파서 우물을 메꾸어 나갔습니다. 당나귀의 울부짖는 소리가 온 땅에 울려 퍼졌습니다. 그런데 조금 지나자 울부짖음이 사라져 버렸습니다. 사람들이 궁금해 우물 속을 들여다보고는 깜짝 놀랐습니다. 당나귀는 위에서 떨어지는 흙더미를 털고 털어 바닥에 떨어뜨렸습니다. 자신에게 떨어지는 흙들을 털어내면서 흙은 당나귀의 발밑에 쌓이게 되고 당나귀는 이 흙더미를 이용해 점점 더 높이 올라오고 있었던 것이었습니다. 드디어 당나귀는 자기를 묻으려고 던진 흙들을 이용해 무사히 그 우물에서 빠져 나올 수 있었던 것입니다.

그렇습니다. 역경은 스스로 이겨내야 합니다. 사람들이 자신을 매장하기 위해 던진 비방과 모함과 굴욕의 흙이 오히려 자신을 키울 수 있는 기회입니다. 다른 사람이 비난의 흙을 던질 때 그것을 맞고 쓰러질 것이냐 아니면 오히려 털어버려 자신이 더 성장하고 높아질 수 있는 승리의 발판으로 삼을 것이냐는 전적으로 나의 성품에 달려 있습니다.

역경을 이겨내는 힘은 바로 좋은 성품입니다.

당신은 어느 쪽을 선택하겠습니까?

15

탁월한 명마가 되는 비결

사람들은, 성공하기 위해서는 탁월함을 갖춰 세상을 달릴 수 있는 명마가 되어야 한다고 생각합니다. 그런데 어떻게 탁월한 명마가 될 수 있을까요?

여기, 탁월한 명마가 되는 비결을 소개합니다.

아라비아 사막 한 가운데 말들을 방목하는 목장이 있는데, 사람들은 명마를 구하기 위해 이곳으로 모여들곤 했습니다. 주인에게 명마를 보여 달라고 하면 주인은 내일 오전 11시에 오라고 말했습니다. 그 다음날 또 주인에게 와서 명마를 보여 달라고 말하자 주인은 개울가 옆 사막 언덕 기둥에 매여 있는 수많은 말들을 보여 주면서 2시간 후에 보여 주겠다고 말했습니다.

강렬하게 내리 쬐는 태양 아래 노출되었던 사람들은 하나 둘씩 지쳐 갔고, 언덕 위에 있는 말들도 목이 타들어가 더위에 서있기 조차 힘겨운 듯 울부짖기 시작했습니다. 그때 주인이 "삑~"하는 호루라기 소리를 내자 동시에 기둥에 매여 있던 줄들이 풀려 말들은 갈증을 풀기 위해 언덕 밑에 있는 개울가로 쏜살같이 달려갔습니다. 말들이 냇가에 가까이 도착할 때쯤 주인이 다시 "삑~삑~" 호루라기를 불기 시작했습니다. 대부분의 말들은 주인이 부르는 소리에 아랑곳하지 않고 물을 허겁지겁 먹었습니다. 그러나 눈앞에 보이는 물을 뒤로 하고 머리를 돌려 주인을 향해 힘차게 달려오는 말이 있었습니다. 그 말이 바로 아라비아의 명마라고 합니다.

명마가 되기 위해서는 훈련시키는 사람의 지시에 순종하는 성품을 갖추는 것이 우선이라는 것입니다.

순종이란 '나를 보호하고 있는 사람들의 지시에 좋은 태도로 기쁘게 따르는 것'(좋은나무성품학교 정의)입니다. 순종하는 성품은 탁월함을 갖추게 하여 진정한 이 시대의 명마가 되게 하는 비결입니다.

16

경청은 사랑입니다

자녀 사랑을 여러 가지 방법으로 표현할 수 있지요.

가장 강력한 사랑의 표현은 자녀의 말을 집중하여 들어 주는 것입니다.

경청해 주는 것, 그것은 사랑입니다.

자녀의 입장에서 다음의 시를 감상해 보세요.

나는 텔레비전이 되었으면 좋겠어요.
내가 말을 걸면
어머니는 시끄럽다 하시며
텔레비전에만 귀를 기울여요.

나는 텔레비전이 되었으면 좋겠어요.
어머니가 자주 나를 보실 테니까요.

내가 텔레비전이 된다면
어머니는 분명 내 목소리에 귀를 기울여 주실 거예요.
내가 무슨 말을 하는지
형들이 옆에서 뭐라고 해도
'조용히 하렴'하고 말씀하실 거예요.

내가 정말 텔레비전이 된다면
어머니는 매일 내 앞에서
내 얼굴을 들여다보며
내 표정과 내 말소리를 하나도 빠뜨리지 않고
밤늦게까지
귀 기울여 들어 주실 거예요.

아, 나는 정말
텔레비전이 되었으면 좋겠어요.
텔레비전이 되어
어머니의 사랑을 듬뿍 받고 싶어요.

_ 박정숙(사보 "현대" 1997.1월호)

경청이란 '상대방의 말과 행동을 잘 집중하여 들어 상대방이 얼마나 소중한지 인정해 주는 것'(좋은나무성품학교 정의)입니다. 자녀의 말에 귀기울여주는 것, 부모가 줄 수 있는 최고의 사랑입니다.

17

황제펭귄의 '허들링'

엄마 펭귄이 먹을 것을 구해오는 동안 아빠 펭귄들은 엄청난 추위와 싸우면서 자신들의 알을 지켜야 합니다.

그때 알을 품은 아빠 펭귄은 남극의 눈 폭풍과 영하 50도가 넘는 혹한으로부터 방한하고 알을 지키기 위해 '허들링'을 하지요. 원래 허들링이란 상대를 원 밖으로 밀어내는 놀이인데 펭귄들의 허들링은 상대를 배려하는 성품을 기본으로 한답니다. 아빠 펭귄들이 허들링을 형성하면 서로의 체온으로 온도가 올라가서 극한 추위와 싸울 수 있게 됩니다. 안과 밖의 온도가 10여도 차이가 나는데 서로 서로 조금씩 장소를 교환해 바깥쪽이 추울 때쯤이면 안쪽으로 돌아오게 함으로써 서로 자리를 바꾸어 한 마리의 펭귄이 줄곧 찬바람을 맞고 서있는 일은 없다고 합니다. 이렇게 해서 발등에 있는 자신의 알을 깃털로 덮어주고 서로 배려해서 모두가 추위에서 알들을 지켜나갈 수 있도록 도와줍니다.

배려란 '나와 다른 사람 그리고 환경에 대하여 사랑과 관심을 갖고 잘 관찰하여 보살펴 주는 것'(좋은나무성품학교 정의)입니다.

눈물겨운 아빠 펭귄들의 배려를 통해 드디어 새끼 펭귄들이 이 세상에 태어나는 것이랍니다. 아빠 펭귄의 사랑, 새삼 감동이 되는 이 이야기를 통해 배려란 바로 사랑이고 생명임을 깨닫게 됩니다.

18

좋은 부모에게서 좋은 자녀가 나옵니다

세기의 부자 존 데이비슨 록펠러의 부모님은 상냥하고 지혜로운 사람들이었습니다. 록펠러는 훗날 자신의 부모님에 대해 이렇게 말했습니다.

"저는 부모님이 저희에게 말씀하실 때 짜증이나 분노로 목소리 높이는 것을 본 기억이 없습니다."

부모님의 이러한 양육은 록펠러에게 큰 영향을 끼쳤고 세계적인 사업가로 성공할 수 있는 발판이 되었지요.

독실한 신자였던 어머니 일라이지 데이비드 록펠러는 부지런하며 절약이 몸에 밴 삶을 살았습니다. 그녀의 곧은 심지, 온화한 성품은 아들 존에게 그대로 흘러가 존 역시 평생 근검절약과 시간절약을 하며 살았습니다. 그녀의 신앙교육은 주목할 만합니다. 그녀는 자녀들에게 '교회에 가면 앞자리에 앉아서 예배드릴 것'과 '목사님을 존경하고 잘 모실 것'을 항상 강조했으며, 특히 십일조에 대한 분명한 지침을 주어 아주 어린 존에게 신앙심과 자본의 근본을 가르쳐 주었습니다.

그의 아버지 윌리엄 역시 항상 밝고 명랑하고 기뻐하는 사람이었습니다. 긍정적인 태도와 기쁨의 성품 덕분에 다른 사람과의 관계를 탁월하게 유지하는 능력을 갖고 있었으며, 아버지의 이런 모습을 보며 자란 존은 타고난 사업적 재능을 개발하는 영향을 받게 되지요. 존의 부모 윌리엄과 엘리자는 늘 다른 사람을 돌보고 자선을 베푸는 삶을 자녀들에게 보여주었습니다. 그 결과 아들 존 데이비슨 록펠러는 그가 일구어낸 부를 혼자의 '누림'으로 멈추지 않고 많은 사람들을 그의 '풍요'에 초청되어 함께 '나눔'이 되게 하였습니다.

좋은 부모에게서 좋은 자녀가 나옵니다. 그리고 자녀에게 행복한 어린 시절을 보내게 해준 부모는 후일 수백만 달러의 가치보다 더 귀한 선물을 자녀에게 받습니다.

19

부모는 메아리입니다

필자가 SBS 우리 아이가 달라졌어요, MBC TV 밥상 꾸러기 식사 교실 등 많은 자녀 교육 방송을 출연하면서 느낀 점은 부모는 자녀에게 '메아리' 라는 것입니다. 부모가 자녀에게 들려준 말들이 메아리가 되어 자녀안에서 싹이 되어 자랍니다. 부모가 말 한 그대로 자녀는 자라게 되는 것입니다.

깊은 숲속에 한 가족이 살고 있었습니다. 하루는 엄마에게 꾸짖음을 받은 아이가 화를 내며 집을 뛰쳐나가 산꼭대기까지 단숨에 올라갔습니다. 아이는 큰소리로 이렇게 외쳤습니다.
"난 네가 싫어, 정말 싫다고!" 그런데 그 말은 다시 메아리가 되어 아이에게 돌아왔습니다.
"난 네가 싫어, 정말 싫다고!"
그 소리에 겁을 먹은 아이가 집으로 달려와 엄마 품에 안기며, 산꼭대기에는 자기를 싫어하는 나쁜 사람이 살고 있다고 말했습니다. 지혜로운 엄마는 아이의 이야기를 듣고 난 후, 아이의 손을 잡고 산꼭대기에 올랐습니다. 그리고는 부드러운 목소리로 "난 널 사랑해! 정말 사랑한다고!"라고 소리쳤습니다. 그러자 곧 부드러운 목소리로 "난 널 사랑해, 정말 사랑한다고!"라고 메아리쳐 되돌아왔습니다. 아이는 기뻐하면서 행복한 웃음을 지으며 엄마 품에 안겼습니다.

부모의 말은 메아리가 되어 자녀에게 돌아와 말한 그대로 자라게 하는 능력이 있답니다.

20

다이아몬드 만들기

어느 날, MBC TV 밥상 꾸러기 식사 교실에서 100회 기념 특집 방송에 출연해 달라는 요청이 왔습니다. 이번 방송은 그동안 여러 전문가의 코칭에도 불구하고 실패했던 아이들을 선별하여 올바른 훈계 법으로 나쁜 버릇을 고치기 위한 특집방송이었습니다. 방송 출연을 허락하자 지난번 방송에 실패했던 한 아동에 대한 모든 자료가 MBC로부터 전달되었습니다.

아이의 자료를 살펴보니 가슴이 답답해 졌습니다. '아이에게 부모는 무엇을 어떻게 가르치고 있었기에 이 지경까지 왔을까?'하는 생각이 들었기 때문입니다.

며칠 후, 드디어 녹화가 시작되었습니다. 촬영을 하면서도 처음에는 물건을 던지고 욕하고 어른들을 골탕 먹이듯 악동처럼 굴었던 아이가 염려했던 것보다는 빠르게 필자와 소통해 나갔습니다. 필자는 먼저 아이에게 해야 할 행동과 하지 말아야 할 일을 구분해주었고 상과 교정에 대해서도 약속을 했습니다. 그런데 서로 약속을 하고 난 후, 아이가 놀랍게 변했습니다. 아이는 침착하게 그 약속을 잘 지켜나가

100회 특집 방송을 무사히 잘 마칠 수 있었습니다. 부모도 놀랐고 특히 그 프로를 담당하던 PD는 너무 바뀐 아이의 모습에 당황해 했습니다. 왜냐하면 더 이상 원하던 문제행동을 찍지 못했기 때문이지요.

아이에게 옳고 그름을 가르쳐 주는 것은 부모가 꼭해야 할 책임입니다. 그대로 방치해두면 아이들의 재능이 나쁜 버릇에 감추어져 빛나지 않게 되지요.

오래 전, 어느 아프리카 광산에서 다이아몬드 원석이 발견되었습니다. 값어치가 대단한 다이아몬드 원석은 영국 왕의 왕관을 만들기 위해 보내졌고, 왕은 그것을 암스테르담의 한 보석 세공 전문가에게 보냈습니다. 세공전문가는 오랫동안 원석을 구석구석 섬세하게 살펴보았지요.

어느 날, 그는 엄청난 가치를 지닌 다이아몬드 원석에 금을 긋고 망치로 힘껏 내려쳤습니다. 그러자 원석은 두 조각으로 나뉘어져 버렸지요. 과연, 세공사가 실수한 것일까요?

아닙니다. 다이아몬드 원석은 수십 차례 쪼개고 다듬는 연마의 과정을 거쳐야만 다이아몬드만의 특유의 아름다움을 증대시킬 수 있는 것입니다. 이렇게 만들어진 원석은 두 개의 아름답고 화려한 다이아몬드가 되어 왕의 면류관에서 더욱 빛날 수 있게 되었답니다.

훈계도 이와 같습니다. 훈계란 자녀라는 원석을 잘 살펴보고 자녀의 가치를 극대화하기 위해 쪼개기도 하고 끌로 쪼아서 반짝 반짝 빛나는 다이아몬드를 만드는 과정과 같습니다. 이 아름다운 일을 부모가 방치할 때 자녀는 보석이 아닌 원석으로 남아있게 됩니다. 아이의 마음속에 일찍부터 덕을 심어주어 좋은 성품의 리더로 만드는 것이 바로 자녀를 아름다운 다이아몬드가 되게 하는 과정입니다.

21

긍정적인 태도가 성공을 만듭니다

12살 무렵 에디슨은 귀가 계속 나빠져 소리가 거의 들리지 않았습니다. 하지만 에디슨은 자신을 걱정하는 사람들에게 "귀가 들리지 않는 것은 큰 재산입니다. 귀가 안 들리니까 일을 하는데 덜 산만하고, 외부에서 들려오는 쓸데없는 소리에 영향도 받지 않고 잠도 더 깊이 잘 수 있어서 좋습니다."라고 말했지요. 이렇게 삶의 악재들을 긍정적인 태도로 돌파하는 그의 유명한 일화가 있습니다.

1914년 12월, 에디슨이 예순 일곱 살 때 그의 실험실에 화재가 발생했습니다. 이 하룻밤의 화재로 인해 지금까지 에디슨의 필생의 과업들이 한줌의 재로 변하고 말았습니다. 손해액이 자그마치 200만불이 넘었습니다. 그런데 놀랍게도 실험실이 화재에 휩싸였을 때 에디슨은 전혀 당황하지 않았습니다. 오히려 차분하게 불타는 광경을 지켜보고 있었지요. 그 때 에디슨이 그의 아들 찰스에게 이렇게 말합니다.

"찰스, 가서 어머니를 불러 오너라. 이런 굉장한 광경은 다시 볼 수 없을 것이다."

다음날 아침 에디슨은 폐허가 된 실험실을 바라보며 이렇게 말했습니다.

"재난도 가치가 있지. 내 모든 실수가 다 타버렸으니까. 다시 시작할 수 있어서 하늘의 신께 감사해."

화재가 발생한 지 3주 후, 에디슨은 최초의 축음기를 세상에 내놓을 수 있었습니다. 재난을 긍정적인 마음으로 바라본 그의 성품으로 인해 그의 업적이 더 빛날 수 있었던 것입니다.

그는 일생 동안 발명품 3400여종, 특허만 해도 1093개의 획기적인 물건들을 발명했습니다. 그의 발명품들은 우리네 삶을 더욱 편리하고 유익하게 해준 훌륭한 업적들입니다. 진짜 성공하는 위인들은 자신의 불행을 긍정으로 바꿀 뿐만 아니라 다른 사람의 삶에도 행복과 유익을 주는 사람입니다.

긍정적인 태도란 '어떠한 상황에서도 가장 희망적인 생각, 말, 행동을 선택하는 마음가짐'(좋은나무성품학교 정의)입니다. 이런 긍정적인 태도의 성품 위인들이 세상을 더욱 행복하게 해줍니다.

22

성공하는 사람, 성품이 좋은 사람

"이 세상에서 가장 현명한 사람은 모든 사람으로부터 배울 수 있는 사람이며, 가장 사랑받는 사람은 모든 사람을 칭찬하는 사람이요, 가장 강한 사람은 자신의 감정을 조절할 줄 아는 사람이다."

(탈무드)

아브라함 링컨 대통령의 이야기를 소개합니다. 그의 아버지는 구두를 만드는 제화공이었습니다. 링컨이 미국의 16대 대통령으로 당선되었을 때 미 의원들은 신분이 낮은 제화공의 아들이 대통령에 당선된 것이 못마땅했습니다. 그래서 링컨의 약점을 찾아 헐뜯기에 혈안이 되어 있었지요.

그러던 어느 날, 링컨이 취임연설을 하기 위해 의회에 도착했을 때 한 의원이 링컨을 향해 빈정거리며 말했습니다.

"링컨, 당신의 아버지는 한 때 내 구두를 만든 사람이었소. 물론 이곳에 있는 상당수 의원들의 구두도 당신의 아버지가 만들었지요. 그런 천한 신분으로 대통령에 당선된 사람은 아마 당신 밖에 없을 것이오!"

그러자 여기저기서 킥킥거리는 웃음소리가 새나왔습니다. 그렇지만 링컨은 오히려 불쾌한 감정을 나타내지 않고 한참을 눈을 감은 채 서 있었습니다. 잠시 후, 눈을 뜬 링컨의 눈에는 눈물이 가득 고여 있었습니다. 링컨은 조심스럽게 입을 열고 말했습니다.

"의원님, 취임연설 전에 잊고 있던 아버지의 얼굴을 기억나게 해주셔서 감사합니다. 말씀하신대로 제 아버지는 구두의 예술가였습니다. 혹시 아버지가 만든 구두에 문제가 생기면 저에게 즉시 말씀해주십시오. 제가 잘 수선해 드리겠습니다. 물론 돌아가신 아버지의 실력과 비교할 수는 없지만요……."

링컨의 말을 듣고 난 의원은 아무 말도 하지 못하고 고개를 숙였습니다. 이렇듯 절제란 내가 하고 싶은 대로 나의 감정을 표현하는 것이 아니라 꼭 해야 할 말이 무엇인지 생각하여 선택하는 것입니다.

내 감정을 절제하여 적절하게 표현할 수 있는 좋은 성품을 만들어 가는 사람이 바로 큰일을 이루는 사람입니다. 탈무드의 가르침대로 가장 현명한 사람, 가장 사랑받는 사람, 가장 강한 사람이 되는 비결은 좋은 성품을 날마다 연습하는 사람입니다.

23

성공을 가로막는 13가지 거짓말

스티브 챈들러의 〈성공을 가로막는 13가지 거짓말〉을 소개합니다.

1. 하고 싶지만 시간이 없어
2. 인맥이 있어야 뭘 하지
3. 이 나이에 뭘 할 수 있겠어
4. 왜 나에겐 걱정거리만 생기지
5. 이런 것도 못하다니, 난 실패자야
6. 사실 난 용기가 없어
7. 사람들이 날 화나게 해
8. 오랜 습관이라 버리기 어려워
9. 그건 내가 할 수 있는 일이 아니야
10. 맨 정신으로 살 수 없는 세상이야
11. 가만히 있으면 중간이나 가지
12. 난 원래 이렇게 생겨먹었어

13. 상황이 협조를 안 해줘

자, 이제는 이런 거짓말에 속지 마시고 정직하게 우리 자신을 바라보는 연습을 해봅시다.

정직이란 '어떠한 상황에서도 생각, 말, 행동을 거짓 없이 바르게 표현하여 신뢰를 얻는 것'(좋은나무성품학교 정의)입니다.

우리 자신을 돌아보며 거짓의 생각, 말, 행동으로 우리 자신을 기만하는 것들을 과감히 거절하고, 작은 일부터 용기 있게 시작하면서 첫걸음을 떼어 나갑시다. 나부터 변화시키는 용기, 세상은 변화를 원하는 용기 있는 사람들 편에 묵묵히 서 주고 길을 열어 준답니다.

24

성공의 조건

세계적인 부자 카네기는 자신의 부를 사회에 환원하면서 '노블레스 오블리제'를 행동으로 옮긴 사람입니다. 미국 국민들이 그를 존경하는 이유는 이것 뿐만이 아닙니다. 그는 자신의 삶을 통해서 경험한 감동들을 많은 사람들에게 나누어 주었지요.

특히 그가 후계자를 선택한 이야기는 우리에게 성공의 조건이 무엇인지 생각하게 해 줍니다.

카네기는 그의 뒤를 이을 후계자로 명석한 자신의 아들이 아닌 회사 일용직 직원에 불과했던 쉬브라를 지명했습니다. 많은 사람들이 이 사실을 알고 깜짝 놀랐습니다. 쉬브라는 카네기 회사에 입사할 당시 초등학교를 겨우 나온 일용직 청소부에 불과했습니다. 그런 그가 어떻게 카네기의 뒤를 이를 수 있었을까요? 더욱이 카네기의 명석하고 탁월한 아들을 제치고 말입니다.

쉬브라는 근면하고 성실한 사람이었습니다. 청소부로 취직되어 일할 때 쉬브라는 자신에게 맡겨진 일에 최선을 다했고 자신이 맡은 건물은 물론 하지 않아도 될 공장 구석구석까지 청소했습니다.

책임감이란 '내가 해야 할 일들이 무엇인지 알고 끝까지 맡아서 잘 수행하는 태도'(좋은나무성품학교 정의)입니다. 쉬브라에게는 특별히 이런 책임감의 성품이 잘 갖추어져 있었습니다.

쉬브라의 이런 모습을 보고 간부들은 그를 일용직에서 정식 사원으로 채용했습니다. 그의 성품은 일용직 청소부에서 정식사원으로 마침내 사장의 비서실에서 근무하는데 큰 발판이 되었습니다. 그의 모토는 "카네기의 몸처럼, 카네기의 그림자처럼!"이었다고 합니다.

카네기가 있는 곳에는 언제, 어디서든지 쉬브라가 있었습니다. 그리고 그의 손에는 늘 적을 수 있는 메모지와 펜이 있었지요.

어느 날, 카네기는 새로운 공장 확장과 생산과정에 대한 연구를 위해 늦게까지 퇴근하지 않고 일하고 있었습니다. 새벽 늦게 일을 마친 카네기는 퇴근하기 위해 사무실을 나오는데, 그때 마침 자신처럼 늦게까지 퇴근을 하지 않은 쉬브라를 보게 되지요. 놀란 카네기는 "쉬브라! 왜 아직도 퇴근하지 않았는가?"하고 물었습니다. 그러자 쉬브라는 미소 지으면서 "사장님께서 저를 언제 부르실지 모르는데 어떻게 자리를 비울 수 있겠습니까?"라고 당연한 듯 대답했습니다. 자신의 일에 대한 책임감과 성실한 성품이 결국 카네기의 후계자가 되어 성공하는 인생을 살게 해 준 것이었지요. 카네기는 자신의 후계자를 이렇게 성품 좋은 사람으로 결정하고 자신의 기업을 부흥 시키도록 결단한 것입니다.

성공의 조건은 유산, 지능, 학벌 등 그동안 쌓아온 스펙이 아닙니다. 성공의 조건은 좋은 성품입니다. 새무엘 스마일즈는 그의 책 '인격론'에서 "인격은 가장 고결한 재산이다. 인격은 사람들이 긍정적으로 높이 평가하는 재산이다. 인격에 투자하는 사람은 세속적인 의미의 부자는 되지 못하더라도 존경과 명성이라는 응분의 보상을 받게 될 것이다."라고 말했습니다. 그렇습니다. 성품이 바로 성공입니다.

25

나와 함께 세상을 바꾸어 보지 않겠습니까?

애플사를 창업한 스티브 잡스가 세상을 떠나자 그를 애도하는 수많은 사람들의 인파가 슬픔으로 술렁거렸습니다. 그것은 젊은 한 사람의 존재가 얼마나 세상에 큰 영향력을 끼쳐 왔는지 알 수 있게 해 주었습니다.

그의 이야기는 온 세상에 신화적인 이야기가 되어 퍼져 나갔습니다. 그 중에 하나가 초창기 펩시콜라 회장이었던 존 스컬리(John Sculley)를 자신의 회사에 영입한 일입니다. 젊은 잡스가 만날 수도 없는 사람이었고, 그런 제안을 받아들일 이유도 없는 상황에서 존 스컬리의 마음을 움직인 유명한 이야기가 있습니다.

스티브 잡스는 존 스컬리를 어렵게 만나 이렇게 말했습니다.

"당신은 평생 남은 인생을 설탕물 파는데 바치겠습니까? 아니면 나와 함께 세상을 바꾸겠습니까?"

이 멋진 한 마디로 인해 존 스컬리가 애플로 오게 되었다고 합니다.

"나와 함께 세상을 바꿔보시지 않겠습니까?"

누군가의 마음을 움직일 수 있고 누군가의 인생을 바꿀 수 있는 말 한 마디, 그리고 누군가를 우리 인생의 동반자가 되게 하는 놀라운 말 한마디가 되었습니다. 우리도 오늘 그런 제안을 세상에 한번 해 봅시다.

“이대로 사시겠습니까? 아니면 좋은 성품으로 세상을 바꾸어 보시겠습니까?”

성품을 가르치는 것, 세상을 바꾸는 첫걸음입니다.

26

창의성의 성품으로 성공한 청바지

미국의 유명한 청바지 브랜드, 리바이스 청바지는 그 회사의 주인인 리바이 스트라우스(Levi Strauss)의 창의적인 생각 하나로 만들어 진 것입니다. 그는 유대인으로서 미국으로 이민 와 뉴욕의 주택가를 돌며 직물을 판매하며 생계를 유지하고 있었지요. 그리고 1853년 샌프란시스코에서 금광주변에 천막 만드는 일로 전환했습니다. 어느 날, 군납 알선업자가 그에게 와 군에 납품할 10만개의 대형 천막을 주문했습니다. 그리고 이 천막을 군에 납품하도록 주선해 주겠다고 약속했지요. 그는 큰 빚을 내어 열심히 밤낮으로 천막을 만들어 냈습니다. 그러나 불행하게도 이 약속은 깨지고 군납의 길은 막혀 엄청난 양의 천막이 모두 다 쓰레기로 전락할 수밖에 없는 상황이 되었습니다. 그는 파산될 지경에 이르렀지요.

실의에 빠진 그가, 어느 날 주막에 갔다가 한 광경을 목도하게 되었습니다. 금광천의 과부들이 옹기종기 모여 앉아 해진 바지를 꿰매고 있는 모습을 보게 된 것이지요. 그때 그의 머릿속에 '바지 천이 모두 닳았군. 질긴 천막 천을 쓰면 좀처럼 떨어지지 않을 텐데'하고 번뜩이는 아이디어가 생각났습니다. 그는 즉시 공장으로 달려가서 질긴 천막 천을 잘라내어 청바지 한 벌을 만들었습니다. 그날 이후 청바지는 엄청난 속도로 팔려나가기 시작했고 재고로 쌓였던 천막 천들은 오늘날 세계적으로 유명한 리바이스 청바지로 탈바꿈되어 세상에 나타나기 시작했습니다. 창의적인 생각 하나로 그의 위기는 엄청난 행운의 기회가 되었던 것이지요.

창의성이란 '모든 생각과 행동을 새로운 방법으로 시도해 보는 것'(좋은나무성품학교 정의) 입니다. 오늘의 시련을 다르게 보면 또 다른 축복의 기회가 됩니다.

27 적은 것의 위력

입 속에는 말이 적게!
마음에는 일이 적게!
위장에는 밥이 적게!
밤에는 잠이 적게!

_ 도현의 《조용한 행복》

이 네 가지만 잘 해도 득도한다고 말합니다. 적은 것이 위대한 이유는 절제의 성품으로 자신을 다스릴 수 있는 힘이 있기 때문입니다. 할 수 없는 일까지 마구 하려 드는 이 세상에서 자신을 절제함으로 꼭 해야 할 일을 선택하는 절제의 성품은 세상을 득도하는 지름길이 됩니다.

2부

성품, 세상을 향해 날다

성품이노베이션을 통한 향기

성품이노베이션은, 좋은 성품으로 자신의 삶을 변화시키기 원하는 어른들을 위한 부모성품훈련과정입니다. 지난 8년 동안 필자가 진행하는 성품교육 중에서 가장 많은 성품의 변화를 경험하게 한 감동의 성품교육입니다. 치유와 회복을 위한 성품훈련과정이며 자신의 삶 속에서 숨어 있는 아픈 과거의 상처를 치유하고 진정한 나 자신을 찾아 새로운 삶의 여정으로 떠나게 하는 5주 과정의 성품이노베이션입니다. 이노베이션을 통해 치유과 회복을 경험한 이 시대 어른들의 이야기가 깊은 감동으로 향기되어 날아갑니다.

이영숙 박사의 성품리더십 칼럼

기쁨은 자신과 세상을 변화시키는 힘입니다

'기쁨'이란 무엇일까요? 좋은나무성품학교에서는 기쁨을 '어려운 상황이나 형편 속에서도 불평하지 않고 즐거운 마음을 유지하는 태도'(좋은나무성품학교 정의)라고 가르칩니다. 어려울 때 좌절하지 않고 기쁨을 유지하는 리더십은 강력한 영향력이 되어 자신과 세상을 변화시키는 힘이 됩니다. 좋은 리더십이란 훌륭한 매너, 다른 사람을 존중하는 자세, 인간적인 신념과 선을 저버리지 않는 태도를 지니는 것이지요. 특히 리더가 갖춘 기쁨의 성품은 탁월한 영향력이 되어 그가 속한 공동체와 자신의 삶을 행복하게 만들어 줍니다.

기쁨의 성품은 나 자신을 소중하게 여기고 사랑하는 태도에서 비롯됩니다. 나 자신을 즐거워하는 마음으로부터 시작되지요. 자신을 귀하게 여기는 자존감이 높은 사람은 자신이 처한 상황과 형편이 어려워도 함부로 낙심하지 않고 자신을 소중하게 여기면서 즐거운 마음을 유지하게 됩니다.

이런 태도는 다른 사람과의 관계에서도 성공적인 삶을 살게 한답니다. 자신을 사랑하는 자신감 있는 태도가 자신 속에 숨겨진 강점을 찾아 계발하여 더 큰 기쁨을 발견하는 자세를 갖게 하는 것이지요. 그러면 어떻게 해야 자녀를 기쁨의 성품을 소유한 리더로 키울 수 있을까요?

첫째, 나 자신을 소중하게 여기는 높은 자존감이 비결입니다. 높은 자존감은 바로 자신감으로 표현됩니다. 자신의 존재 자체를 즐거워하는 사람은 환경이나 상황에 상관없이 그 안에서 기쁨의 성품을 소유합니다. 그리고 이 기쁨이 세상을 향한 당당함으로 드러나게 되지요. 자녀를 향해 매일 사랑한다고 말해 주세요. 자녀는 자신을 사랑하고 자랑스러워하는 부모의 모습을 보고 자존감 있는 아이로 자라납니다.

둘째, 잘 하는 것을 찾아 강점으로 계발해 줍니다. 성취감을 느낄 수 있는 아주 작은 일부터 부여해서 그것을 해결하는 과정을 지켜보며 격려해 주세요. "와, 대단한 걸!" "엄마는 네가 자랑스럽다!"와 같은 칭찬을 아낌없이 듣고 자란 아이는 문제를 통해 숨겨진 장점을 계발하고 능력을 발전시키는 힘을 가지게 됩니다. 아이의 작은 성공은 의미 있는 경험으로 기억되어 자신감 있는 아이로 자라나는 원동력이 된답니다.

셋째, 일상생활에서 기쁨을 주는 언어를 들려줍니다. "너 때문에 못살아" "배불러 죽겠네"와 같은 부정적인 언어 대신 "엄마는 널 보면 행복해" "매일 이렇게 우리 가족이 행복했으면 좋겠어"와 같은 긍정적인 언어로 표현하세요. 일상생활에서 부모에게 기쁨의 언어를 들으며 자란 아이는 정서적으로 행복감과 안정감을 느끼고 어려운 상황에서도 즐거운 마음을 유지하는 태도를 선택하게 됩니다.

넷째, 기쁨의 성품을 유지하는 5-2-5 법칙을 연습하세요. 화를 폭발하는 부모 밑에서 자란 아이는 부모를 무서워하고 눈치를 살피게 됩니다. 이러한 성향은 아이들이 다른 사람들과 대면하고 이야기를 나누는 데 어려움을 느끼는 대인공포증으로 이어져 정상적인 사회생활을 어렵게 만들기도 합니다. 부모가 먼저 화를 조절하고 기쁨의 성품을 유지하는 모습을 보여주세요. 어떠한 상황에서든 기쁜 마음을 갖기 위해서는 기쁨의 5-2-5 법칙을 활용하는 것이 좋습니다.

5: 다섯을 셀 동안 천천히 숨을 들이마십니다.
2: 마음속으로 2 까지 세며 숨을 참습니다.
5: 다시 다섯을 세며 천천히 숨을 내쉽니다.

기쁨의 리더는 좋을 때뿐 아니라 어려운 상황 특히 아주 힘든 상황에서도 불평하지 않습니다. 상황이 좋을 때는 누구나 기뻐할 수 있지요. 그러나 어렵고 힘든 상황에서도 즐거운 마음을 유지한다는 것은 매우 힘든 일이기 때문에 성품 좋은 지도자만이 해낼 수 있습니다. 세상은 이런 리더십을 인정하고 따르게 됩니다.

01

꼭꼭 숨겨둔 내 안의 상처들, 세상 밖으로 나가다!

1기 성품이노베이션 / 수료생 김○○

유년기 시절 내가 만난 어른들은 나를 좋아하지 않았다. 그리고 내 기억 속에서 나는 늘 어른들께 혼나고 있었다. 엄마에게 관심을 받기 위해 항상 징징댔고, 차별하는 엄마 때문에 동생과 싸움이 끊이질 않았다. 실수라도 하는 날이면 엄마를 힘들게 한다며 혼내셨다. 그럴 때마다 어떻게 행동해야 하는지 가르쳐 주지 않으셨고, 내가 무엇이 필요한지, 무엇을 도와주면 좋을지 관심을 갖지 않으셨다. 나는 엄마에게 늘 나쁜 아이였고, 엄마를 힘들게 하는 아이였다.

어린 시절의 상처 때문에 어른이 된 지금도 다른 어른들을 마주하기가 어렵고 힘들다. 다른 사람에게 마음을 열고 다가가고 싶지만, 관계를 맺는 것이 나에게는 쉽지가 않다. 관계를 통해 누릴 수 있는 기쁨은 나와 먼 이야기가 되었고, 내 삶에서 멀어져가고 있었다.

어느 날, 우연히 거울속의 내 모습을 보게 되었다. 기쁨이 사라지고 그늘이 깊이 새겨진 얼굴 이었다. 눈물이 왈칵 쏟아졌다. 내가 꿈꾸는 삶, 자신감과 기쁨이 가득한 삶을 살기 바라고 있지만 그 삶을 가로막는 커다란 벽이 내 앞을 가로막고 있어 도저히 앞으로 나아가지가 않았다.

그 순간, 더 이상 이대로 지체할 수 없다는 생각이 번쩍 들었다. 기쁨의 감각을 깨울 수 있는 기회가 나에게 필요했다. 관계, 사랑, 기쁨 이 모든 것의 감각들이 깨어나 회복되어야 한다는 생각이 내 머릿속에 가득 매워졌다.

이런 용기를 갖고 발걸음을 내딛은 곳이 좋은나무성품학교의 '성품이노베이션'프로그램이었다. 나에게 절호의 기회가 찾아왔다는 생각이 들었다. 내 안에 꽁꽁 숨겨두고 밝혀내고 싶지 않은 과거들을 기억하고 마주해야 한다는 것이 생각보다 쉽지는 않았지만, 내 모든 상처들을 하나도 빠짐없이 토해내었다. 눈물 콧물이 범벅되어 함께 참여한 수강생들 앞에서 그동안 쌓였던 상처와 스트레스들을 쏟아내기 시작했다. 얼마의 시간이 흘렀을까? 깊은 숨을 내쉬며 숨고르기를 하고나니 속이 정말 후련해졌다. 마치 새롭게 태어난 느낌마저 들었다. 그 자리에 모인 모든 수강생들과 박사님께서 나를 위로해 주셨고 나의 상처에 공감해 주셨다. 나의 아픔을 이해해 주는 사람들이 있어서 마음은 더 평안해 졌고 따뜻한 기운이 가슴 가득 맴돌았다.

이젠 용기가 생겼다. 나를 스스로 외롭고 불쌍하게 생각하지 않기로 말이다. 지금 나에게 나를 사랑하는 가족이 있다는 것에 감사하고, 사랑하는 남편과 아이들의 존재만으로도 감사하기로 했다. 이제 시작이다. 내 자녀들이 나처럼 상처받지 않고 내가 받았던 외로움을 받지 않도록 더 많은 사랑으로 품어줄 것이다. 상처로 얼룩진 성품들이 흘러가지 않도록. 그리고 오늘 아침 용기 내어 내가 가장 듣고 싶은 말을 거울을 보며 말했다.

"넌 정말 멋져! 멋있는 여자야. 그리고 넌 잘 될 거야. 잘 해낼 거야."

이영숙 박사의 성품 조언

ㅇㅇ님 안에 있는 어린 아이를 사랑하고 축복합니다. 다른 사람의 잣대로 나를 보지 않고 내 모습 그대로를 소중하게 여기기로 마음먹은 그 순간이 바로 '성품이노베이션'입니다. 내가 나를 먼저 사랑하는 길이 가장 빠른 치유의 길이랍니다. 세상의 어떤 것과도 바꿀 수 없는 나의 소중함, 그것을 매일 내 안의 어린아이에게 말해 주세요. "넌 소중한 사람이야. 나는 널 사랑해. 다른 사람이 뭐라고 해도 나는 네가 좋아."라고 매일 내 안의 어린 나에게 말해 주세요.

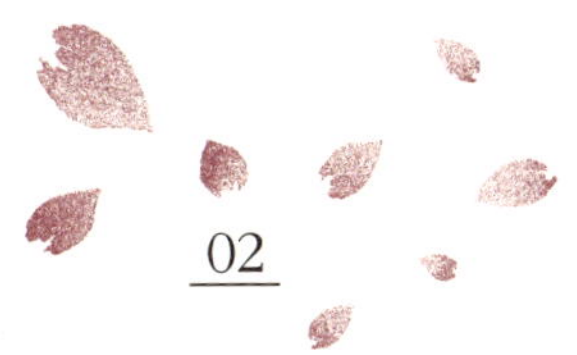

02

무서웠던 아버지를 이제는 사랑할 수 있을 것 같다

1기 성품이노베이션 / 수료생 김○○

몸이 많이 약하셨던 엄마는, 내가 아주 어렸을 때부터 많이 아프셨다. 어린 나였지만 아픈 엄마가 항상 불쌍해 보였고, 엄마가 아픈 것이 꼭 내 탓인 것만 같았다. 결국 내가 8살 때 돌아가셨지만, 지금까지도 엄마는 정말 따뜻한 분으로 내 기억 속에 살아계시다.

어리고 투정부리는 딸이 아픈 엄마에게는 귀찮을 법도 한데 엄마는 짜증 한 번 안 내시고 나의 건강을 먼저 챙기며 보호해 주셨다. 그나마 내가 어려운 환경 속에서도 긍정적인 마음을 가질 수 있었던 것은 바로 엄마의 따뜻한 성품 때문이었다. 날 바라보셨던 엄마의 사랑의 눈빛이 지금도 생생하다. 널 사랑한다고 말하는 눈빛, 지금도 잊혀지지 않는다. 지금 내가 엄마가 되고 보니 나의 엄마는 나에게 아이들을 어떻게 키워야 하는지 가르쳐 주는 좋은 모델링이었다는 것을 알게 되었다.

엄마와 너무나 달랐던 아빠는, 엄마가 돌아가신지 1년 후 다시 결혼을 하셨다. 아버지와 새 엄마는 결혼한 지 1년이 지난 후부터 자주 싸우셨다. 두 분이 싸울 때면, 나는 집 앞 골목으로 도망쳐 나와 골목 앞에 앉아서 하염없이 울며 공포와 외로움에 떨었다. 그 때 내 마음을 만져주고 품어주고 내 아픔에 경청해준 사람은 아무도 없었다.

아버지와 함께 살았지만 아버지는 나의 아버지가 아닌 것 같다는 생각, 그리고 같이 있을 때면 너무 어색하고 무서운 느낌, 늘 냉랭하고 차가운 느낌…. 이것이 아버지에 대한 나의 느낌이다. 한편으로는 아버지가 참 가여운 생각이 든다. 아버지도 본인의 부모님께 따뜻한 사랑을 받지 못하셨기 때문에 사랑할 줄 모르는 것이기 때문이다.

며칠 전, 이영숙 박사님은 "어린 시절 받은 상처를 치유하기 위해서는 나의 아픔을 입으로 표현하는 것부터가 치유의 시작"이라고 말씀하셨다. 나도 나의 상처들을 아버지께 고백하면 관계가 회복되고 치유가 될까? 평생 이 상처를 안고 살수는 없기에 아버지에게 내가 먼저 마음을 열고 싶다는 생각이 들기 시작했다. 그동안 아버지 때문에 무섭고 외로웠다고 말하고 묵혀두었던 과거의 아픔들을 풀어헤치고 싶다. 이런 과정을 거치고 나면 나는 분명 아버지에 대한 오해도 풀리고 아버지와의 관계도 조금씩 회복될 것이라는 믿음은 생겼지만, 혹 내 뜻대로 되지 않는다 해도 나 자신을 위해 이제는 아버지를 사랑해야겠다는 생각이 든다.

성품이노베이션을 마치면서 깨달은 것은 이제는 내가 먼저 무서웠던 아버지를 품고 사랑해 드려야한다는 것이다. 아버지가 받아보지 못했던 따뜻한 사랑을 내가 먼저 베풀고 아버지도 사랑을 느끼시며 사랑하며 사셨으면 참 좋겠다.

정말 그때, 그 어린 시절, 아버지와 새 어머니의 싸움은 어린 ○○님에게는 두렵고 외로운 고독의 시간이었을 것입니다. 분명 상처가 되어 큰 아픔으로 남아있기에 충분한 고통의 시간이었죠. 그러나 이젠 이렇게 성장하여 따뜻한 마음으로 아버지의 아픔까지 감싸 안을 수 있는 어른으로 성장하게 된 것을 축하드립니다. 이제는 많이 노쇠해지셔서 외롭게 자신과 싸우고 계실 아버지를 향해 큰 팔을 벌려 주십시오. 어린 딸이 그때 많이 외롭고 힘들었다고 고백하시고 이제는 그런 아버지 그 자체를 사랑하게 되었다고 안아드리세요. 상처를 이기는 방법은 외면이 아니라 품어줄 때 고통이 사라집니다.

03

이제는 나에게 "잘하고 있어!"라고 격려하고 싶다

3기 성품이노베이션 / 수료생 장○○

'아버지'하면 떠오르는 첫 단어는 엄격함, 무서움, 두려움, 꽉 막힘과 같은 단어들이다. 굉장히 엄한 아버지 밑에서 자란 나는 하루하루를 두려움에 떨며 지내야만 했다.

밖에서 아버지는 굉장히 쾌활하시고 개방적이셔서 주변사람들은 아버지를 좋은 분이라고 생각했고, 그런 아버지가 계셔서 좋겠다며 부러워하기까지 했다. 하지만 아버지는 집에 오시면 돌변하셨다. 가정에서는 폭력과 폭언으로 가족들을 대했고, 사랑할 줄 모르는 분이셨다. 나는 그런 아버지가 무섭고 두려워 벗어나고 싶었다. 때론 아버지가 일찍 돌아가셨으면 좋겠다고 생각하며 기도한 적도 많았다.

아버지의 그런 성품은 나에게 그대로 흘러나왔다. 나 역시 두 아이를 키우면서 무척 엄하고 아이들을 두려워 떨게 할 정도로 무섭게 다그치며 매를 들곤 한다. 내가 그렇게 싫어했던 아버지의 모습을 그대로 닮은 것이다. 아이들을 무섭게 혼을 내고 나면 나는 아버지의 행동을 그대로 따라 했다는 죄책감에 사로잡히게 된다. 이러면 안 된다는 생각도 들지만, 종종 어렸을 때 아버지를 통해 봐왔던 말과 행동들은 이미 나에게 습관이 된지 오래다. 이젠 아버지의 성품이 내 성품이 된 것처럼 나의 성품이 우리 아이들의 성품이 될까봐 두렵고 걱정이 된다.

그런데 지인과 함께 듣게된 성품이노베이션은 내 안에 상처들과 문제점들을 적나라하게 보게 해주었다. 그동안 이런 모습을 감추고 숨기며 살아온 내가 가여워졌다. 부끄러워하며 두려워했던 내안의 상처들을 대면해 보고 나니 어렸을 때 받은 상처로 더 이상 이렇게 살 필요가 없다는 것을 알게 되었다. 이젠 나를 죄책감으로 옭아매던 것들을 밟고 박차고 일어나고 싶다.

또한 대물림 되었던 이런 성품들을 끊어버릴 수 있도록 부모인 나부터 성품교육을 열심히 받을 작정이다. 정말 이 길 밖엔 없다는 각오로 절대 포기하지 않고 끝까지 배울 생각이다.

우리 가정의 회복이 나에게 달려있다. 내가 변하면 아이들도 변하고 회복될 것이다. 두려워하지 않고 용기 내어 아이들에게 좋은 성품으로 다가가고 싶다. 엄마가 노력하고 있다는 모습과 변화되고 있다는 것을 보여줄 것이다. 아이들에게 좋은 생각, 좋은 행동, 좋은 말을 하고 엄마의 못난 성품들이 아이들에게 흘러가지 않도록 노력! 또 노력할 것이다.

좋은 성품으로 아이들 앞에 서고 싶다. 이제는 나에게 "지금 잘 하고 있다"고 격려 할 수 있는 용기가 생겼다.

집안과 집밖에서 다른 아버지의 모습이 어린 딸에게 얼마나 많은 혼란과 두려움을 주었을지 공감이 가고 가슴이 아파옵니다. 내가 싫어했던 아버지의 모습이 문득문득 나에게서 보여질 때마다 스스로의 자책이 더욱 나를 비참하게 만들기도 하지요. 이제는 성숙한 어른이 되셨으니 그때 아버지의 영향력에서 벗어나기를 결심하세요. 매일 매일 자신을 성찰해보면서 되고 싶은 성품으로 자신을 단련해 나가시기 바랍니다. 매일 나의 생각, 감정, 행동을 잘 조절하고 균형 있게 만드는 훈련을 계속해 나가세요. 그리고 지금 하시는 대로 매일 "지금 잘하고 있다."고 자신을 많이 칭찬해 주세요.

04

아버지 장애가 나의 장애가 되지 않도록

4기 성품이노베이션 / 수료생 박○○

내 안의 상처를 들여다본다는 것이 큰 두려움 이었지만, 난 좋은나무성품학교의 성품이노베이션을 들어야만 하는 이유가 있었다. 그것은 바로 내 아이들에게 엄마로서 좋은 성품의 모델이 되고 싶었기 때문이다.

그동안 아이들과 너무도 모범적인 남편에게 나는 부족한 엄마였고 부족한 아내였다. 이 모든 것이 내가 어릴 적 받은 상처 때문일 거라는 생각을 해보았다.

결혼을 하고 두 아이의 엄마가 된 지금도 나의 아빠에 대한 원망과 회한으로 얼룩진 삶의 무게는 여전하다. 어릴 적 소아마비를 앓으신 아빠, 그 장애로 인한 콤플렉스를 엄마와 자식들에게 못난 모습으로 푸셨다. 장애를 갖고 계신 아버지가 너무도 불쌍하고 가여웠지만, 엄마와 자식들을 힘들게 하셨던 아버지를 볼 때마다 불쌍한 마음보다는 원망과 두려움이 더 커져만 갔고, 이런 마음들이 내 안에서는 상처로 곪아가고 있었다.

하지만, 이런 상태로 내 마음이 계속 곪아가길 원하지 않는다. 이런 것들이 나는 물론이고 사랑하는 내 가족들에게도 영향을 끼친다는 것을 알기 때문이다. 아버지에 대한 마음과 내 안의 상처들이 깨끗이 치유 되어, 좋은 생각들이 내 안에 가득하길 원한다. 이렇게 용기 내어 마음먹고 이 자리에까지 오게 되었으니, 이 시간을 허비하지 않고, 끝까지 노력할 것이다. 내가 변화되고 가정이 변화될 수만 있다면 어떤 노력이든 할 것이다.

내 어린 시절 닫혔던 마음을 이제 조금씩 용기 내어 마음을 열어 보려고 한다. 사랑하는 내 아이들과 가장 사랑하고 존경하는 나의 남편을 위해서….

이영숙 박사의 성품 조언

아버지의 장애가 지금 나의 삶의 장애가 되지 못하도록 선언하고 나아가시는 모습이 아름답습니다. 어린 시절의 아픔을 딛고 사랑하는 가족을 위해 변화하려는 그 노력이 반드시 행복한 가정을 만들 것입니다. 노력하는 사람에게는 이미 이루어진 것이기 때문입니다. 단지 약간의 시간이 걸릴 뿐이지요. 지금의 그 마음이 새로운 삶 속에 정착되도록 마음속으로 다짐하세요.

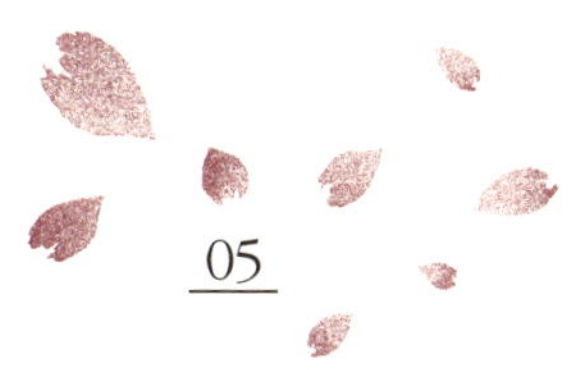

05

우리 가정에 일어난 성품혁명

4기 성품이노베이션 / 수료생 임○○

아이를 키우면서 가장 힘들었던 부분이 바로 인성교육이었다. 아이의 학업 성적도 중요하지만, 근본은 성품이라는 생각이 들자 인성교육이 시급하다는 절실함이 느껴졌다. 다행히 그동안 고민하고 어려워했던 성품교육을 이번 성품이노베이션을 통해 해결 방법을 찾게 되어 얼마나 감사한지 모른다.

우리 가정에 성품 혁명이 일어나 회복되고, 행복한 가정으로 세워나가야 겠다는 목표를 세웠다. 무엇보다 나부터 변화되어, 아이와 남편에게 정말 성품 좋은 엄마, 아내가 되기로 결정했다.

무의식중에 아이에게 했던 못난 말들, 내 의지로 통제되지 않았던 감정등 '내면 아이'를 보게되었다.

내면아이를 들여다보며 상처받은 어린 시절의 기억들을 꺼내는 것은 무척 힘들고 고통스러웠지만, 이것이 우리 가정이 회복되는 시작이라는 것과, 지금이 아니면 다시는 이런 기회가 오지 않을 거라는 생각이 들었다. 그래서 '오늘이 마지막이다'라는 생각으로 내면의 상처들을 하나도 남기지 않고 다 토해냈다.

부모로부터 받은 상처들이 내 안에 얼룩진 '내면 아이'로 자랐는데, 이것이 내 자녀들에게 안 좋은 영향을 끼치게 될까봐 제일 많이 걱정이 되었고 나를 가장 두렵게 했다. 내 아이에게 나와 같은 상처가 대물림된다고 생각하니 정신이 번쩍 들면서, 당장 나부터 고치지 않으면 안 되겠다는 생각을 하게 되었다. 우리 아이만큼은 나와 같은 상처로 얼룩지거나 나쁜 성품들이 자리 잡지 않길 바라며, 나와 남편은 더 좋은 성품을 갖기 위해 노력하기로 했다. 성품을 바꾼다는 것은 물론 쉽지가 않을 것이다. 엄청난 노력과 인내가 필요하다는 것을 알지만, 마음을 단단히 먹고 노력할 것이다. 그리고 아이들의 미래에 희망을 갖고 양육하려고 한다. 지금까지 내 아이에게 문제가 많다고 생각해왔던 나의 교만함을 반성하고 아이에게 용서를 구하고 싶다.

"사랑하는 내 딸아, 엄마는 너에게 용서를 구하고 싶구나. 네가 그동안 문제가 많다고 생각해 왔던 엄마를 용서 해줄 수 있겠니? 정말 미안하구나. 엄마는 너에게 좋은 엄마가 되고 싶어. 앞으로 노력할게. 지켜봐줘. 그리고 엄마아빠는 너의 존재만으로도 정말 감사하단다. 우리 앞으로 좋은 성품을 갖도록 함께 노력하자. 사랑해. 소중한 우리 딸, 연경아"

참 잘 하셨습니다. 그렇게 용서를 구하는 것이 자녀와 막힌 담을 허는 첫걸음입니다. 자녀에게 시간을 내달라고 부탁하시고 조용한 레스토랑으로 가서 아이와 맛있는 식사를 하며 솔직하게 엄마의 마음을 전해 주세요. 그리고 용서를 구해 보세요. 쑥스러워도 아이의 눈을 쳐다보면서 정직하게 이야기해 보세요.

06

깨질 뻔한 우리 가정, 성품교육으로 회복되다

5기 성품이노베이션 / 수료생 안○○

좋은나무성품학교 성품이노베이션 시간에 '감사'를 주제로 강연을 들었다. 그때부터 변화가 일어나기 시작했다. 지금까지 성품을 실천하지 않고 입으로만 외쳤던 삶을 반성하고, 남편과 아이들의 존재 자체만으로 감사하게 된 것이다.

가족들에게 감사편지를 쓰는 동안에는 '왜 그 동안 별 일 아닌 것에 화내고 감사하지 않으면서 지냈을까?'하고 반성하게 되었다.

남편…, 남편은 나에게 너무나 충격적이고 이해할 수 없는 그런 존재였다. 결혼 생활 10년 동안 고비라는 말이 무색할 정도로 다툼도 많았고 이혼도 마음속으로 수없이 되뇌는 일상이었다. 사실 그동안 나는 남편에게 문제가 많다고 생각했는데 이번 교육을 통해 내 기준에만 끼워 맞추려고 했던 나의 태도가 문제였다는 것을 알게 되었고, 그동안 남편과의 언쟁이 역시 내 성품의 부족함에서 시작되었다는 것도 깨닫게 되었다.

지금은 내가 남편의 존재 자체만으로도 감사하는 그런 여자로 변화되었다. 내가 이렇게 변화될 거라고는 꿈에도 생각하지 못했다.

그런데 난 지금 바뀌고 있다. 남편의 존재만으로도 감사할 줄 아는 그런 아내로 말이다. 남편의 존재에 대해 감사하는 순간 남편을 이해하게 되었고 남편에 대한 애정이 더 깊어졌다. 더욱 놀라운 것은 내가 변하니 남편도 함께 변하기 시작했다는 것이다.

강연을 통해 이영숙 박사님은 상대방을 존중하는 마음에서 대화를 시작해야 한다고 말씀하셨는데, 지금까지 나는 그런 태도가 부족했다. 대화를 피하거나 마주하기 싫어했고, 대화가 조금이라도 안 통한다고 생각되면 화내고 언성을 높였다. 아이들에게도 똑같이 그래왔다. 일관성 없는 훈계와 양육, 특히 아이들의 감정은 생각하지 않고 공감해주지 못한 것이 제일 미안하다. 사실, 아이들은 유치원에서 나보다 먼저 성품을 배우고 있었다. 벌써 성품교육이 3년째에 접어든다. 성품교육을 받은 아이들의 눈 속에 엄마의 일관성 없는 훈육들이 이상하게 보였을 것이다. 그리고 어떻게 행동해야 하는지 혼란스러웠을 것이다. 정말 중요한 성품교육을 가정에서는 실천하지 않고 유치원에만 의지 했던 지난 시간들과 회복할 수 있었던 기회들을 놓친 것이 너무 후회가 된다.

이젠 나도 이렇게 정신을 차렸으니 일관된 모습으로 아이들을 가르칠 것이다. 아이들을 위해서라도 좋은 부부 관계를 유지하며, 어려운 상황에서도 희망적인 생각, 말, 행동을 하는 그런 엄마의 모습을 보여줄 것이다. 내가 이렇게 변화되고 있다고 생각하니 얼마나 감사한지 모르겠다. '성품'… 정말 놀랍기만 하다. 나와 우리 가정의 삶이 달라지고 있는 것을 보니 성품교육의 중요성이 뼛속 깊이 다가온다. 성품교육은 깨질 뻔한 우리 가정을 다시 하나로 묶어준 고마운 것이다.

축하합니다. 그런 성품의 변화가 가정의 행복을 지키는 기적이 됩니다. 지금 시작한 그 아름다운 일들을 계속해 나가시기 바랍니다. 가정을 변화시키는 성품이노베이션, 끝까지 해야 할 사명이고 축복입니다.

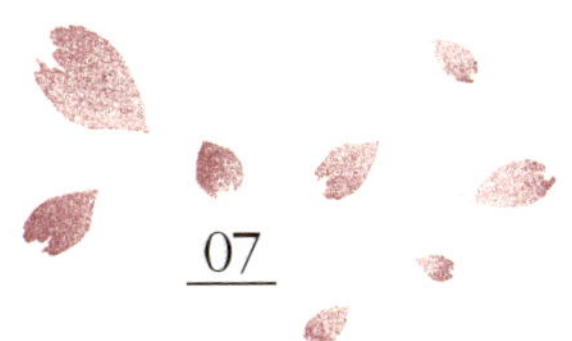

07

이렇게 변화 될 줄은 꿈에도 몰랐다

6기 성품이노베이션 / 수료생 신○○

이미 유치원에서 성품교육을 받고 있는 아들을 통해, 나는 성품에 대해 어느 정도 경험하며 지내고 있었다. 점차 아이의 놀라운 변화를 통해 성품교육의 힘을 실감하게 되었고, 성품을 배우는 아이의 부모는 뭔가 달라야겠다는 생각을 하게 되었다. 그래서 선택한 것이 부모를 위한 성품교육 중 하나인 '성품이노베이션'이다. 성품이노베이션을 통해 깨달은 것은 성품교육은 아이들 보다 부모가 먼저 배우고 변화되어야 한다는 것이다.

나는 그동안 좋은 것이 있으면 아들에게 먼저 주었고, 아들에게 주려고 했던 음식을 남편이 먹으면 마음속에선 아까운 마음이 들면서 화가 나기까지 했다. 시댁이 미워서 남편을 멀리 하기도 했고, 남편을 외롭게 했다. 남편이 옆에 있으면 온갖 다른 생각들이 머릿속에 가득했고, 잠도 아들과 함께 잤고, 아들이 없으면 잠도 안 왔다. 이렇게 나는 남편을 멀리 했고, 반대로 아들을 몸과 마음에서 떼어 놓지 않았다. 그런데 이랬던 나에게 변화가 일어나기 시작했다.

'감사'를 배우는 동안 놀랍게도 남편에 대한 나의 생각과 마음이 열리기 시작한 것이다. 남편에 대한 감사 목록을 적고 편지도 용기 내어 적어 내려갔다. 이렇게 매일매일 적어보니 남편에게 가정의 권위를 주신 것에 감사함을 느끼게 되었고, 남편의 존재만으로도 감사하고, 부부가 함께 한다는 것이 가장 큰 행복이고 소중하다는 것을 알게 되었다.

그동안 남편을 미워하고 외롭게 했던 것들이 얼마나 나쁜 것인지 알게 되니 남편과 다시 회복해야 한다는 목표가 생겼다. 이렇게 하는 것이 우리 가정이 더 건강하고 행복해 질 수 있는 비결이라는 것을 알았기 때문이다.

성품이노베이션을 듣는 동안 혼란했던 나의 마음이 정리된 것처럼 우리 집도 새롭게 정리해 보는 시간을 가졌다. 제일 먼저 아들을 혼자 재우기 시작한 것인데, 다행히 아들은 엄마를 찾지도 않고 밤에 푹 잘 잔다. 자연스럽게 나에게서 독립되어야 할 부분들이 해결된 것이다. 그리고 나는 몇 주의 적응으로 남편과 함께 자는 것이 익숙해 졌다. 남편의 소중함을 깨달은 지금은 작은 것 하나라도 남편을 먼저 챙겨주려고 하고, 자신도 변하려고 노력하는 남편의 태도와 성품에 칭찬을 아끼지 않는다.

지금은 하루하루가 정말 행복하고 기쁘다. '성품이노베이션'을 통해 나와 우리 가정이 이렇게 변화될 것이라고는 상상도 못했다. 처음 이곳에 와서 마음을 열고 상처를 끄집어내는 과정이 무척 힘들었지만, 이런 과정이 없었다면 진정한 용서와 이해와 감사가 없었을 것이다. 나의 이런 노력에 격려해 주는 남편에게 감사함을 전하고 싶다.

놀라운 변화를 축하합니다. 잘하셨어요! 부부가 화목해야 부모 자녀관계도 든든해집니다. 그 아름다운 변화를 멈추지 마시고 계속해 나가시기를 축복합니다. 성품이노베이션! 바로 불행 끝, 행복의 시작입니다.

08

성품이노베이션, 행복한 삶이 되게 하는 첫걸음

6기 성품이노베이션 / 수료생 최○○

'감사' 강의를 듣고 난 후 쑥스럽지만 남편과 자녀들에게 감사의 마음을 용기내어 전해보기로 했다. 그런데 반응은 뜻밖이었다. 문자와 편지로 감사의 마음을 전하니 무척 행복해 했고, 정성껏 쓴 감사의 답장도 받았다. 문자 한통과 편지로 우리 가정의 행복의 문이 열린 것이다.

사실 남편에게 감사 편지를 쓰는 것은 쉬운 일이 아니었다. 남편에게 그동안 받은 상처들이 많았기 때문에 그런 것들을 마음에 담아둔 채 무조건 감사편지를 쓰려니 가식적인 느낌이 들어 도저히 용납이 안됐기 때문이다. 하지만, 이런 기회는 두 번 다시 오지 않을 거라는 생각과 함께, 관계회복을 위해 지금이 기회라는 생각이 들었다. 무엇보다 나의 욕구를 싸우지 않고 정중하게 요청할 수 있는 기회가 바로 지금이라는 생각이 들어 어렵지만 남편에게 감사의 편지를 적어 보냈다. 그런데 신기하게도 남편에게 편지를 쓰는 동안 나의 잘못들이 저절로 생각나면서 반성하게 되었고, 내 모습을 돌아볼 수 있게 되었다.

이번 '성품이노베이션'을 통해 결혼생활 17년 동안 내 안에 있던 상처와 나의 약점들을 다시 보게 되었다. 이런 것들을 인정하고 나니 속이 후련해 졌다. 그리고 남편과의 관계가 잘 회복될 거라는 희망이 생겼다.

그런데 더욱 놀라운 것은 나의 편지를 받은 남편의 반응이었다. 남편 역시 나에게 그동안 상처를 많이 줬다며 반성하는 것이었다. 감동을 받은 남편은 정성스럽게 장문의 편지로 답장을 해주었는데, 남편의 편지를 읽다가 눈물이 왈칵 쏟아지면서 그동안 내 안에 쌓였던 상처들이 눈 녹듯이 사라졌다. 남편과 싸우지 않고 서로의 잘못을 고백하고 용서할 수 있다는 것이 정말 놀라웠고, 우리 부부에게 이런 기회가 왔다는 것이 너무나 감사했다. 앞으로 남편을 비롯해서 우리 가족은 성품대화를 통해 감정상하지 않고 정중하게 요청하며 일관성 있는 모습을 보여 주기로 약속했다. 이런 것이 이노베이션의 시작이라고 생각한다. 우리 가족의 미래가 밝고 희망적이라고 생각하니 가슴이 뿌듯해진다.

성품이노베이션은 서로의 존재 자체만으로 감사하는 삶이야말로 정말 중요하다는 것을 깨닫게 해준 귀한 시간이었다. 나를 사랑하고 존귀하게 여기는 마음, 내 안의 어린아이에게 용기와 희망을 주는 아주 귀한 시간을 주신 좋은나무성품학교에 감사의 마음을 전하고 싶다.

상처는 모래에 새기고 은혜는 대리석에 새겨야 한다는 말이 있지요.

더욱이 남편과의 상처는 모래에 쓰시고 바람에 날리며 물결에 씻겨야 합니다. 붙잡지 마세요. 그냥 흩어 내리세요. 그동안 함께 했던 은혜만 기억하여 대리석에 새기세요. '감사'라는 은혜를 세상에 더 크게 새기시기를 바랍니다.

09

성품으로 새로운 희망을 찾다

7기 성품이노베이션 / 수료생 문○○

어린 시절, 나는 어려운 가정 형편에서 자라왔다. 넉넉하지 않은 가정형편 때문에 부모님은 돈을 벌기에 항상 바쁘셨고, 엄마와 아빠는 애정 없이 자녀들을 돌보셨다.

나는 어렸을 적 부모님께 사랑이 담긴 칭찬을 한 번도 받아본 적이 없다. 그래서 항상 '오늘은 칭찬 받았으면 좋겠다'고 생각하며 지냈다. 학교에서 돌아오면 따뜻하게 반겨주길 바랐고, 시험을 잘 보면 잘했다고 칭찬 받고 싶었고, 못하면 격려도 받고 싶었다. 하지만 어떤 상황이든 우리 남매들에게 부모님의 반응은 무관심과 체벌뿐이었다. 이런 삶 때문이었는지 어릴 때나 어른이 된 지금이나 밖에 나가도 항상 자신감이 없고, 나의 부모가 그랬듯이 나의 아이들에게 무뚝뚝하고 모진 말로 상처를 주고 있다.

난, 아빠 같은 무뚝뚝한 사람을 만나기도 싫었고 엄마처럼 그렇게 아이를 키우고 싶지 않았다. 하지만 막상 내 아이를 낳고 키우다 보니, 내 엄마가 했던 행동들과 내 아빠가 했던 말들이 나도 모르게 아이에게 하고 있는 것을 보게 된다. 특히 큰 아들을 생각하면 마음이 아프다. ADHD를 판정받게 된 큰 아이를 보면, 엄마인 나에게 문제가 많다는 생각을 하게 된다. 나의 부모님처럼 아이에게 모진 말과 행동을 해 아이를 병들게 했다는 생각에 내 자신을 용서할 수 없을 정도로 화가 난다. 더욱이 내가 큰 아이와 반대로 작은 아이에게는 항상 따뜻한 말과 행동으로 사랑한다고 이야기해 준다는 것이다. 같은 내 자식이지만 왜 다른 태도로 아이들을 양육하는지 나도 잘 모르겠다.

내가 초등학교에 입학하기 전 동생에게 새로 산 장화를 신게 하고 펄펄 끓고 있는 큰 솥에 발을 담그게 해 큰 화상을 입힌 적이 있었다. 동생이 미워서 그랬는지, 아니면 단순한 호기심이었는지 기억이 나지 않지만, 동생의 상처를 볼 때마다 죄책감에 사로잡혀 내 자신을 옭아매며 괴롭게 지내고 있었다. 또 하나는 사촌오빠 식구들과 잠깐 살았던 시절의 일들인데, 그 시간은 내가 결혼하기 전까지 너무 힘든 시간들이었다.

나를 힘들게 하는 어린 시절의 아픔들이 머릿속에서 지워지지 않지만 이젠 이런 상처들로부터 나를 자유롭게 보내고 싶다. 내면의 상처들 때문에 아파하는 자리에서 벗어나 내 안에 좋은 성품들이 싹트고 우리 아이들에게 좋은 성품을 흘려보내고 싶다. 또한 나로 인해 상처받은 내 아이들과 친가 형제들에게 진심으로 용서를 구하고 싶다. 그래서 이번에 나로 인해 상처가 많은 우리 아이들과 주변 가족들과의 관계도 회복되고, 부모님도 이해하고 용서할 수 있는 그런 딸로 변화되기를 결심해 본다. 5주 동안의 짧은 기간이지만 이곳에서 나는 희망을 찾았다. '성품'이 바로 그것이다. 더 이상 나쁜 성품들이 흘러가지 않도록 내안에 쌓인 나쁜 것들을 훌훌 날려

버리고 좋은 성품들이 쌓일 수 있도록 노력할 것이다.

이번 성품이노베이션을 통해 약해진 몸과 마음들이 한층 더 건강하고 강해진 것 같아서 기쁘다.

이영숙 박사의 성품 조언

성품을 희망이라고 찾으신 그 용기와 결단에 감사를 드립니다. 맞습니다. 성품이 희망입니다. 이제까지 살아왔던 삶을 '좋은 성품'으로 담아내 다시 세우면 됩니다. 나비의 작은 날갯짓이 세상에 파문을 일으키듯 내가 결단하고 행동으로 옮기는 그 용기가 나의 가정과 주변을 변하게 합니다. 이제부터 좋은 성품으로 행복을 만드는 주인공이 되어 새로운 축복의 인생을 걸어가시기 바랍니다. 사랑하고 축복합니다.

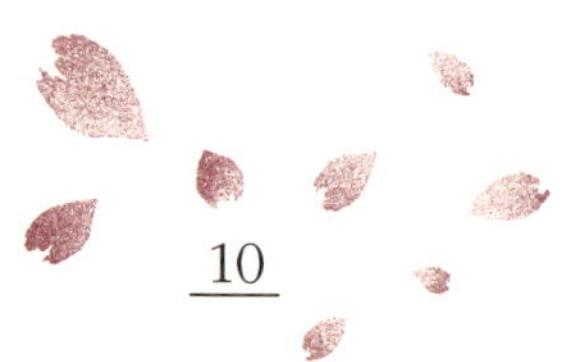

10

내 안에 있는 어린아이에게

8기 성품이노베이션 / 수료생 오○○

6살 아니면 7살, 어렴풋한 기억 속에서 그 작은 다리로 오빠의 무서운 폭력으로부터 피해야 한다는 생각으로 도망쳐 나온 적이 있었다. 그러나 당시 중학생이며 큰 존재, 두려운 존재로 느껴졌던 오빠에게 결국은 붙잡혔고 그 혹독한 폭력은 혼절할 것 같은 아픔으로 다가왔다.

당시 아버지, 어머니는 5일장을 다니며 장사를 하기 위해 집을 비웠고, 위로 세 명의 오빠와 여동생이 있었다. 그 세 명의 오빠 중 특히 둘째 오빠가 무서웠다. 지금으로 치면 겨우 유치원을 다닐 나이에 밥을 하고 추운 날씨에 개울물의 얼음을 깨고 커다란 오빠의 교복이며 빨래를 하고 집안 청소를 해야 했다. 맞는 이유는 다양했고, 맞지 않고 지나가는 날은 행운의 날이었다. 방 바닥에 머리카락이 떨어져 있다고 맞았고 하얀색 교복바지에 꺼먼 것이 묻었다고 맞았다. 나는 모든 것이 정말 내가 잘못해서 맞는 것이라고 생각했다.

아버지의 폭력성을 그대로 닮은 오빠의 폭력은 지금도 그대로 내 안에 있는 것처럼 생생하게 느껴진다. 몇 년 전 교통사고로 사망한

오빠, 그때 욕이라도 실컷 했으면, 잘 죽었다고 소리 내어 웃기라도 했다면 풀렸을까? 그런데 웬일인가. 그렇게 나를 괴롭혔던 오빠임에도 불구하고 참 많은 회한으로 울었다.

지금의 난 그런 오빠로 인해 화 잘 내는 남편에게 말대꾸 안하고 잘 참는 아내로 외적으로는 평안한 가정을 이루고 있지만 속으로는 그때마다 분노한다. 이제 5년의 결혼생활에서 아직도 남편과의 이질감을 어쩔 수 없이 느낀다. 나를 많이 이해하고 성격도 많이 고쳐지고 나를 아껴주지만 아직도 내 안의 자아는 그가 언제고 나를 상처 줄 수 있다고 생각하여 나는 늘 방어자세로 경계하고 있다. 혹여 남편이 상처를 주게 된다면 그 상처를 최소화 하려는 각오로 살아왔다. 그러던 중 만난 '성품이노베이션'시간에 나는 내 안의 상처받고 숨어있는 나의 어린 아이에게 편지를 썼다.

내 안에 있는 어린아이 ㅇㅇ에게

다른 아이들 같으면 엄마 아빠 무릎에서 어리광부리고 따뜻하게 지낼 내 어린아이야.

장사 나가고 안 계신 엄마, 아빠의 빈자리를 어린 네가 다 감당해야 했으니 얼마나 힘들었니? 둘째 오빠에게 맞기 싫어 그 작은 다리로 달려 나갔지만 결국은 오빠에게 맞고 그 폭력을 다 당해야 했으니 얼마나 아프고 슬펐니? 그렇지만 이제 내가 이렇게 어른이 되었으니 너는 안심하거라. 내가 이제 너를 보호하고 사랑해줄게. 지나온 시절을 너무 슬퍼하지 말고 꿋꿋하게 그 모든 것들이 나의 삶에 약이 되었다고 생각하자꾸나. 남편의 두려움도 떨쳐 버리자꾸나. 상처 안 받고 싶은 마음으로 두려움 속에서 남편을 대한 것들도… 이제 남편은 남편이고 나를 때린 오빠는 아니니까… 이제 아무도 너를 함부로 하지 못하게 내가 보호해줄게….

_어른 ○○이 내안에 있는 어린 ○○에게

이번 성품이노베이션을 통하여 난 내가 얼마나 소중하고 존귀한 존재인지 깨닫게 되었고 이제는 더 이상 어느 누구도 나를 함부로 대하지 않도록 나부터 나를 소중하게 여길것을 다짐해 본다.

이영숙 박사의 성품 조언

정말 어린 나이에 얼마나 힘든 시간들이었을지 공감이 가고 가슴이 아파옵니다. 그러나 그 속에서 씩씩하고 용기 있게 살아온 '내 안의 어린아이'를 격려하시고 사랑을 선포하세요. "누가 뭐라고 해도 나는 너를 사랑해! 이제는 아무도 두려워하지 마. 누구도 너를 해칠 수 없어 내가 지켜 줄 거야!"라고 선언해 주세요. 어린 시절 아픔을 딛고 당당한 엄마로 자신을 사랑하는 성숙한 여인이 된 당신을 사랑합니다!

성품대화학교를 통한 향기

성품대화학교는 필자의 저서 '성품 좋은 아이로 키우는 부모의 말 한 마디'(이영숙, 위즈덤 하우스)를 주교재로 하고 5주 과정의 훈련 교재를 부교재로 사용하고 있는 부모성품 코칭과정입니다. 자녀를 좋은 성품의 자녀로 키우기 위해서는 부모의 말 한 마디가 중요합니다. 성품대화법으로 부모-자녀 관계를 회복하고 성품 좋은 자녀로 양육하는 노하우를 터득해 보세요.

경청은 사랑의 표현입니다

좋은 리더는 경청의 리더십을 소유하고 있습니다. 경청의 리더십은 나와 다른 사람, 그리고 세상과 소통하며 영향력을 주는 소통의 기술이지요. 경청은 다른 사람이 이야기할 때 그 사람을 바라보며 열심히 듣고, 어떤 말을 하려고 하는지 이해하고 노력하는 태도이며, 그 일이 가치 있는 일임을 보여주는 것을 말합니다. 한마디로 경청이란 '상대방의 말과 행동을 잘 집중하여 들어 상대방이 얼마나 소중한지 인정해 주는 것'(좋은나무성품학교 정의)입니다.

세계적인 라이프 코칭 전문가이자 컨설턴트인 스태반 폴란은 "최고의 대화 방법은 듣는 것이다."라고 말했습니다. 경청은 상대방의 신뢰를 얻고 친밀감을 쌓을 수 있는 관계의 첫걸음입니다. 경청하는 사람들은 많은 지식과 정보를 얻어 학문하는 법과 세상을 살아가는 이치를 터득하게 됩니다. 경청함으로써 지속적인 배움과 자신을 성찰하는 지혜를 얻는 것이지요. 대제국을 건설한 칭기즈칸은 "내 귀가 나를 현명하게 만들었다."고 말했습니다. 배운 게 없어 이름조차 쓸 줄 몰랐지만 항상 다른 사람의 말에 경청하는 성품이 그를 세계적으로 영향력을 끼치는 지도자가 되게 했습니다.

피터 드러커는 "사업에서 발생한 문제의 60%는 잘못된 커뮤니케이션에서 비롯된다."고 말했습니다. 실제적으로 세계 최고의 자동차 산업 브랜드인 도요타는 렉서스 시리즈를 통해 세계 굴지의 기업으로 승승장구했습니다. 도요타가 렉서스를 처음 만들 때, 엔지니

어들은 아예 고객 집에 머물며 기획을 할 정도로, 전 과정에서 고객의 목소리에 귀를 기울였습니다. 기술과 마케팅, 상품기획의 과정에서 의견을 반영하고 수렴한 끝에 자동차업계에 돌풍을 일으킨 렉서스 신차를 출시할 수 있었던 것입니다. 그러나 도요타는 처음 가졌던 경청의 태도를 잃어버림으로 기업의 최대 위기를 맞이하게 됩니다. 2009년 미국에서 발생한 '급발진 사고'로 인해 신화적인 점유율이 한순간에 무너지고 만 것입니다. 세계 초일류를 외치던 도요타 자동차의 제품 결함도 이슈가 되었지만, 문제에 대한 은폐 가능성이 도요타 이미지에 더 큰 타격을 주었습니다. 사전에 '급가속 급발진'에 대해 충분하게 인지하였음에도 회사의 리더들은 이 문제를 깊이 경청하지 못했습니다. 때에 맞는 적절한 조치를 취하지 못한 미성숙함이 사상 초유의 800만대 이상의 대규모 리콜을 불러온 것입니다. 리콜로 인한 손실액은 1억엔 미만(1조 3천억 정도)으로 추정되었지만, 전문가들은 실질적인 손실은 이보다 더 클 것이라고 전망했습니다. 고객과 직원들의 작은 목소리에 경청하지 못한 결과가 성공하는 기업의 가도를 달리던 도요타에 대형 위기를 가져온 것입니다.

이것이 바로 경청 리더십의 영향력입니다. 성공하는 사람들의 뒷모습에는 반드시 경청의 리더십이 숨어 있다고 해도 과언이 아닙니다. 경청의 리더십은 저절로 만들어지는 것이 아닙니다. 플릿 데일은 "소통의 기술은 영어회화나 피아노처럼 배워야 하는 또 하나의 기술"이라고 말했지요. **경청을 잘할 수 있는 비결은 상대방에게 집중하고 있음을 알려주고 표현해 주는 것에서 비롯됩니다. 상대방의 말뿐 아니라 행동과 생각까지 존중해 주는 습관을 갖는 것이 중요합니다.**

세상은 자신을 존중해 주고 경청해 주는 사람을 지지합니다. 경청의 리더십은 바로 세상을 사랑하는 표현이기 때문입니다. 한마디로 경청의 리더십은 우리가 상대방을 얼마나 존중하고 사랑하는지 표현하는 사랑의 태도입니다.

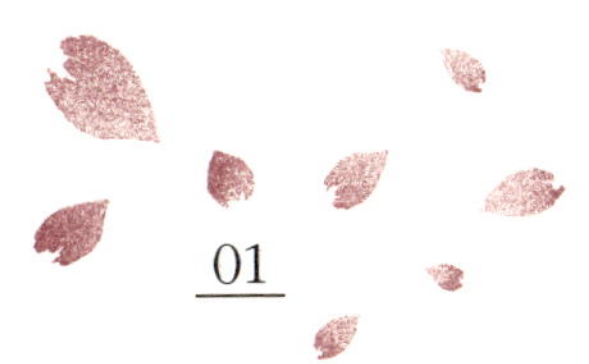

01

TAPE 요법의 기적

7기 부모성품대화학교 수료생

지난 해 좋은나무성품학교에서 주최하는 부모성품대화학교에 참여하게 되었다. 지인의 소개로 듣게 되었는데, 이 과정을 듣게 된 것이 깨질 뻔한 우리 가정을 다시 하나로 묶어준 계기가 되었다.

지난해까지만 해도 나는 35세의 싱글 맘이었다. 남편은 있지만 없는 것처럼 살았고, 다섯 살 된 아들 하나 키우는 것을 낙으로 여기며 살고 있었다.

결혼해서 줄곧 우리 부부는 함께 사는 것이 괴로워 이혼하지 않고 적당하게 살아가는 방법을 터득하여 각자 살아가고 있었다. 그런데 그나마 남편은 이런 생활을 청산하고 새로운 '떠남'을 준비하고 있었다. 2주 후면 미국으로 떠나게 되었는데 언제 돌아올지 모르는 이별이었다. 나는 남편에게 하나의 소원이 있었다. 그것은 바로 남편에게 "미안하다, 내가 당신의 인생에 큰 잘못을 했다"라는 사과를 정식으로 받는 것이었다. 그래서 남편에게 "당신, 이제 떠나는 것은 좋은데 가기 전에 나한테 사과하고 가!"라고 말했다. 나의 말을 들은 남편은 어이없어 하며 "그런 너는? 너는 잘했고?" 하면서 도리어 나와 큰 싸움을 하고 말았다.

남편과 이런 갈등 속에 있을 때 마침 나는 부모성품대화학교 과정을 듣고 있었다. 마음이 괴로운 상황에서 이영숙 박사님께 용기 내어 나의 상황을 말씀드리고 도움을 요청했다. 그때 박사님께서 나에게 방법 하나를 제안해 주셨다. 그것은 바로 이영숙 박사님이 만든 TAPE요법이었다. 〈관계 맺기 영역〉에서 사용하는 대화법이었다. 첫째, 감사하기(Thank you) 둘째, 용서구하기(Apologize), 셋째, 요청하기(say Please) 넷째, 내 마음 표현하기(Expresse)가 그것이다.

박사님은 이와 같은 순서대로 남편과 다시 이야기해보라고 권하셨지만, 나는 남편에게 감사할 것도 없고, 용서를 구할 것도 없다며 거절했다. 그러나 박사님은 나의 소원을 이루기 위해서 이 순서대로 꼭 해야 한다며 다시 권하셨고 나는 용기를 내어 남편과 대화하는 시간을 만들었다.

나는 남편과 집 근처 공원을 같이 걷기를 제안했는데 다행히도 남편은 어렵지 않게 응해주었다. 공원을 산책하면서 남편에게 어떻게 말을 꺼내야 할지 막막했지만 용기를 내어 이렇게 말문을 열었다.

"당신하고 이렇게 걸으면 당신 신체가 커서 내 마음이 든든해져 참 좋아요."

남편은 생전 처음으로 나에게 좋다는 소리를 들어 눈이 휘둥그레지며 표정이 달라졌다. 나의 말은 계속되었다.

"그런데 생각해보니 이런 말을 당신에게 한 번도 안했네요. 미안해요"

나는 박사님께 배운 대로 잘 하고 있었다. 감사하기, 용서구하기를 약하지만 나름대로 사용한 것이다. 그런데 그 순간 남편의 반응은 정말정말 놀라웠다. 남편은 갑자기 어쩔 줄 몰라 하면서 이렇게 말했다.

"아니야, 내가 더 미안하지. 사실 내가 당신한테 잘한 게 없어. 정말 미안해…."

순간! 나는 남편에게 내가 그렇게 바라던 사과를 받아냈다. 내가 다음 단계인 요청하기를 하지 않았는데도, 소원대로 남편에게 사과를 받아낸 것이다! 정말 기적이었다. 대화로 이렇게 사람이 금방 변할 거라고는 기대를 못했는데, 참 놀라웠다. 왜 지금까지 이런 방법을 몰랐을까? 아쉬운 마음과 놀라움이 함께 내 마음속에 소용돌이쳤다.

이 날 이후로 나와 남편은 마음을 조금씩 열기 시작했고, 서로 이메일을 주고받기로 하고 남편은 미국으로 떠났다. 그 다음날 나는 기쁜 마음으로 부모성품대화학교에 가서 나의 이야기를 고백했다.

부모성품대화학교는 그동안 내가 깨닫지 못했던 많은 생각들을 알게 해 주었고, 성품의 정의처럼 생각, 말, 행동을 변화시키게 해 주었다.

나는 이 과정을 마친 후 집에 돌아가서 미국에 있는 남편에게 이렇게 메일을 보냈다.

"여보, 나는 그동안 우리 결혼의 비극이 모두 당신 탓이라고 여기며 당신을 원망하고 살았어요. 그런데 내가 성품을 배워 보니 내 성품이 모자랐다는 것을 알았어요. 미안해요."

이 편지를 받은 남편은 그 다음날로 보따리를 싸서 한국으로 돌아왔다. 그리고 지금은 아주 행복한 가정으로 회복되어 잘 살고 있다. 나는 남편과 함께 이런 행복을 꿈꾸며 살게 될 거라고 꿈에도 생각하지 못했다. 이 모든 것이 성품교육 덕분이다. 좋은 성품이 다른 사람과 풍성하고 좋은 관계를 맺을 수 있다는 것을 알게 되었다.

행복한 가정으로 회복되기를 원하는 모든 이들에게 관계 맺기를 실천해 보라고 꼭 권하고 싶다.

02

경청만 잘해도 잔소리가 줄어듭니다

2기 부모성품대화학교 / 수료생 박○○

요즘 나에게 목요일 아침은 새롭다. 좋은나무성품학교 부모성품대화학교에 참석하기 위해 설레는 마음으로 준비하는 아침이기 때문이다. '오늘은 어떤 것을 배울까?'하고 생각하면 무척 기쁘고 기대된다.

대화학교에 참여한 이후 나의 생활은 조금씩 바뀌기 시작했다. 먼저 강의 시간에 잘 경청하여 들은 내용을 집에 와서 남편과 아이들에게 적용해 본다. 성품을 칭찬해 주고, 관계 맺기 대화법을 사용하고, 잘 경청해주니 대화가 즐겁고 잔소리가 줄었다. 그런데 정말 신기한 것은 '성품대화'를 배우지 않은 남편이 '성품대화'를 배운 나보다 먼저 변화되기 시작한 것이다. 나는 그저 성품대화 몇 마디를 했을 뿐인데 남편은 말과 행동이 동시에 변한 것이다. 내가 남편의 말에 잘 경청하여 듣고, 반응해주고 마음을 알아주니 남편 역시 나의 말은 물론이고 아이들의 말에 경청해주면서 "그랬구나", "그래서 화가 많이 났구나"하며 아이들의 마음을 읽고 위로해주는 남편으로 바뀐 것이다.

또한 남편이 나에게서 배운 '행동 뒤에 숨어 있는 욕구 찾기'를 아이들에게 적용하는 모습을 볼 땐 나에게 큰 감동으로 다가왔다.

성품대화학교에 참석하면서 내가 개선해야 할 점들을 생각해봤다. 첫 번째로, 자녀에게 "너 이거 하면 엄마가 저거하게 해 줄게"하고 조건을 달아 아이들을 교육했던 것을 반성하고 고치기로 했다. 두 번째는 "이러면 돼, 안 돼!"라고 윽박지르며 했던 말들을 사용하지 않기로 했다. 세 번째는 부모의 긍정적이고 희망적인 가치관을 자주 들려주기로 다짐했다. 아직 아이들이 어리니까 좀 더 크면 해야지 하고 미루어 왔지만, 그땐 너무 늦고 지금이 기회라는 생각이 들어 바로 실천해 보려고 한다.

앞으로 우리 가정이 좋은 성품의 가정이 될 것을 생각하니 설레고 기분이 좋아진다. 아직 성품대화가 서툴고 좀 더 훈련해야겠지만 앞으로 변화될 나와 우리 가정을 소망하며 오늘도 즐거운 성품대화로 사랑을 나눈다.

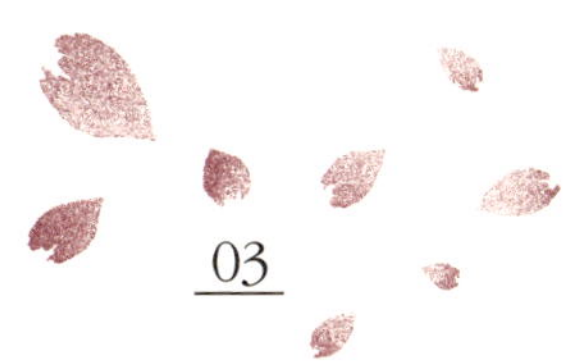

03

가정의 행복을 위해 아빠도 배웁니다

3기 부모성품대화학교 / 수료생 고○○

난 그동안 좋은 남편, 좋은 아빠라고 믿고 살아왔다. 하지만 이번 '부모성품대화학교' 과정을 통해 내가 잘못 생각하고 있었음을 깨닫게 되었다. 그동안 아내와 아이들에게 많은 상처를 준 것 같아 무척 미안하고 마음이 아프다. 그래서 안타까움과 미안함, 그리고 참회하는 마음으로 좋은나무성품학교의 부모성품대화학교를 참석하게 되었다. 바로 성품 좋은 남편과 아빠가 되기 위해서다.

지금은 부모성품대화학교를 통해 알게 된 성품대화법을 가족들과 함께 사용하고 있다. 특별히 아내와 나는 이영숙 박사님의 '부모의 말 한 마디'라는 책을 함께 읽으며 하나하나 실천하고 있는데, 놀랍게도 우리 가족의 대화가 신기할 정도로 변화되었다. 상대가 누구든지 어떤 말이든지 경청하는 습관을 가지게 된 것이다. '경청'은 정말 놀랍다. 경청을 잘하니 상대방의 마음을 더 잘 이해할 수 있게 되었고, 존중하는 마음도 생겼다. 또한 대화의 기초는 경청이라는 것을 새삼 깨닫게 되었다.

아내는 내가 눈을 바라보며 웃는 얼굴로 고개를 끄덕이며 경청해

주니, 나를 더 신뢰하게 되었다고 무척 놀라워했다. 뿐만 아니라 이렇게 온 몸으로 경청을 하니 아내와 아이들, 직장 동료들까지 더 깊은 대화를 나눌 수 있어 대화가 즐겁다. 특별히 성품교육을 받은 아이들과는 대화가 더 잘 통했다. 성품 정의도 함께 나누고 그러다 보니 아이들은 나와 대화하는 것이 즐겁다고까지 했다.

또 하나 변화된 것이 있다면, 교회에서 어린이들과 학생들을 만날 때마다 항상 웃는 모습으로 경청해주고, 결과보단 성품을 칭찬해 주니 아이들이 나와 더 적극적으로 대화하려는 모습까지 보여주었다. '경청'은 이렇게 놀랍고 신비하다.

전에는 왜 이렇게 경청하는 것이 어려웠는지 모르겠다. 경청을 잘 할 자신이 생긴 지금, 이런 마음을 놓치지 않고 끝까지 유지해야겠고 다짐한다. 자녀들이 좀 더 어렸을 때 내가 성품을 일찍 알았더라면 지금보다 더 좋은 아빠가 되었을 텐데 하는 안타까움이 든다. 이젠 성품을 알아가고 있으니 인내하면서 하나하나 실천할 것이다.

앞으로 성품이 이런 교육을 통해서 소개되고 퍼져나갔으면 좋겠다. 그래서 가정과 사회가 변화되고 성품 좋은 국민이 늘어날 수 있기를 소망한다.

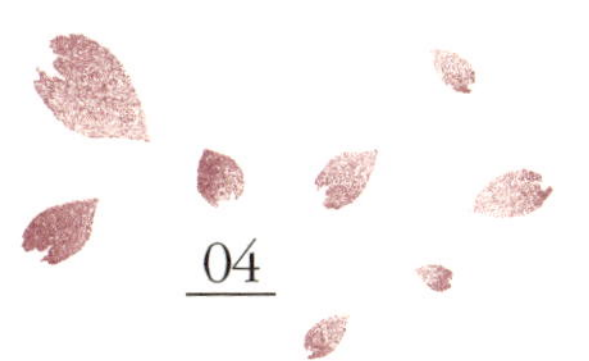

04

성품 좋은 리더로 키우는 부모의 말 한마디

3기 부모성품대화학교 / 수료생 백 ○○

'부모성품대화학교'를 통해 아이와 소통하는 방법을 배우게 되었고 아이의 감정을 이해할 수 있게 되었다. 아이와 대화를 통해 문제가 해결되는 과정을 보면 왜 지금까지 아이의 마음을 이해해주지 못했을까 후회도 되지만, 지금이라도 이렇게 아이와 소통할 수 있게 되어 얼마나 다행인지 모르겠다.

지금까지 우리 아이는 어떤 문제의 해결보다 자신의 감정을 알아주길 바랐던 것 같다. 또한 지금 자신의 감정에 제일 먼저 공감해 주길 바랐던 사람은 아마 엄마인 나였을 것이다. 지금까지 대화의 준비가 덜 되어있는 나의 문제인 듯하다. 아이를 기다려주지 못하고 곧바로 반응하는 나! 하지만 지금은 조금 여유를 가지고 표면적으로 드러난 아이의 말 속에 담긴 깊은 속마음을 읽어보려는 시도를 하고 있다.

나 역시 어릴 적에, 부모님이 나를 인정해주고 격려해주는 말을 들려줄 때마다 힘이 나고 안심이 되곤 했었는데, 이젠 내가 우리 아이들에게 안정감과 사랑을 느끼게 해 주는 그런 엄마가 되어야 할 차례이다. 사랑을 받아본 사람이 사랑을 할 수 있듯이 사랑하라고 강요하기 보다는 먼저 아이의 눈높이에서 사랑을 주고 아이의 존재 자체만으로도 감사하는 그런 엄마가 될 것이다.

그런 의미에서 나는 하루에 몇 가지라도 내 아이를 통해 감사할 수 밖에 없는 감사의 목록들을 작성해 보기로 했다. 오늘보다 내일 더, 성품 좋은 부모가 되기 위해 최선을 다할 것이다.

05

우리 가정의 행복이 나에게 달려있다

4기 부모성품대화학교 / 수료생 최○○

아이들을 '하늘이 허락한 귀한 자녀'라고 생각하며 키웠지만 막상 아이들에게 상처를 많이 주며 키웠다는 생각을 하니, 아이들에게 너무 미안하다.

부모의 말 한마디가 자녀에게 큰 영향을 끼친다는 것을 알게 되면서 '지금까지 왜 아이들에게 그렇게 밖에 말을 못했을까?'하고 생각하며 앞으로 아이들이 좋은 성품을 가질 수 있도록 희망적으로 생각하고 긍정적인 말을 해야겠다는 다짐을 하게 되었다.

좋은나무성품학교의 '부모성품대화학교'를 통해 배운 것들을 삶에 직접 적용해 보기 시작했다. 그런데 놀랍게도 성품대화법은 바이러스처럼 우리 가정에 퍼져나갔고, 나뿐만 아니라 우리 가족 모두가 변화되기 시작했다. 지금은 서로 성품을 칭찬하고, 격려하고, 서로의 존재에 대해 감사를 표현하고, 축복의 말을 고백하며 지내고 있다. 그래서 우리 가정은 예전보다 더 행복하게 보내고 있다. 나의 마음가짐 하나로 가족 모두가 행복해 질 수 있다니 정말 놀랍고 감사할 뿐이다.

이번 강좌를 통해 '우리 가정의 행복이 나에게 달려있다'는 생각을 하게 되었다. 이것만 생각하면 정신이 번쩍 든다. 오늘도 이 교훈을 잊지 않고, 좋은 성품의 엄마가 되도록 항상 노력할 것이다. 그리고 아이들에게 기쁨과 사랑과 격려로 대화하며 아이들을 이해하는 그런 좋은 엄마가 되겠다고 다짐해 본다.

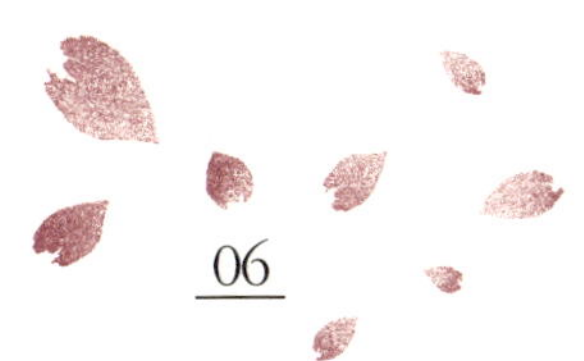

06

아빠도 성품교육 받고 고치세요!

5기 부모성품대화학교 / 수료생 이○○

요즘 좋은나무성품학교에서 진행하고 있는 '부모성품대화학교'에 참석하고 있다. 딸 지윤이와 남편, 그리고 엄마이자 아내인 내가 성품대화로 가족들과의 관계가 회복되기 바라는 마음에서 시작한 것이었다.

부모성품대화학교에서 내준 숙제가 있어 이영숙 박사님의 저서 '부모의 말 한마디'라는 책을 가지고 숙제를 하고 있었다. 나의 모습을 지켜보던 딸 지윤이가 내가 보고 있던 책을 살펴보더니 가리키며 말을 건넸다.

"엄마! 책에 엄마가 하는 말이 있어!"

자세히 살펴보니 "긍정적인 부모가 되기 위한 대화의 기초 공부"에서 [대화를 망치는 12가지 말,말,말]에 부정적인 말의 예시가 나온 부분이었다. * 네 형은 안 그러는데 넌 왜 그러니? * 다시 한 번 그러면 그냥 안 둔다? * 답답해 죽겠어! * 너 이거 안 하면 엄마한테 혼날

줄 알아! 등과 같은 위협하고 강요하는 부정적인 말들이었다. 우리 지윤이는 신기해 하며 묻는다.

"엄마, 여기에 엄마가 하는 말들이 왜 적혀 있어?"

아이의 질문에 처음엔 당황하여 어떻게 말해야 할까 고민했지만 지금이 기회라는 생각에 솔직히 설명해주었다.

"사실, 이 말들은 잘못된 말이라 쓰면 안 되는 말들이야. 엄마가 지윤이에게 이 말을 많이해서 상처받고 힘들었지? 정말 미안해, 지윤아! 이제부터는 엄마가 지윤이 마음이 아프지 않도록 노력할게. 지켜봐줘?"

나의 말이 끝나자 가만히 지켜보던 아이가 갑자기 울며 말했다.

"나도 요즘 억지 쓰고 짜증을 부린 것, 엄마에게 관심 받고 싶어서 그런 거야. 투정부려서 죄송해요"

아이의 말을 듣고 나니 그동안 아이의 마음을 알아주지 못한 것 같아 마음이 아팠다. 그동안 내가 얼마나 잘못하고 있었는지를 다시 한 번 느끼며 반성하게 되었다. 그 날, 난 딸아이와 많은 이야기를 하며 뜻깊은 시간을 보냈다. 그리고 이틀 전, 온가족이 모여 앉아 저녁을 먹는데, 갑자기 지윤이가 일어나 방에 있는 [부모의 말 한마디] 책을 가져 오더니 남편에게 보여주며 한마디 건넨다.

"아빠, 이 책 읽고 공부하세요. 엄마도 이 책 읽고 나쁜 말 고쳤으니까 아빠도 공부해서 고치세요."하며 직접 책을 펼쳐 보였다. 그리곤 "이 곳은 꼭 읽으세요."하며 강조했다.

그리고 그날 밤, 남편은 정말 열심히 그 책을 읽었다. 아빠의 이런 모습을 본 우리 딸이 말하기를 "엄마 아빠가 변했으니 이제 나도 변하고, 내 마음에도 예쁜 싹이 돋아났어요."

좋은나무성품학교의 부모성품대화학교를 통해 성품대화법을 구체적으로 알 수 있게 되었고, 더불어 우리 가정이 회복되는 놀라운 기적이 일어나 얼마나 기쁜지 모르겠다. 많은 부모님들에게 좋은나무성품학교의 부모성품대화학교에 꼭 참석해보라고 적극 권한다.

5주의 이 시간은 작은 변화가 큰 기적을 가져다 준 고마운 시간이었다.

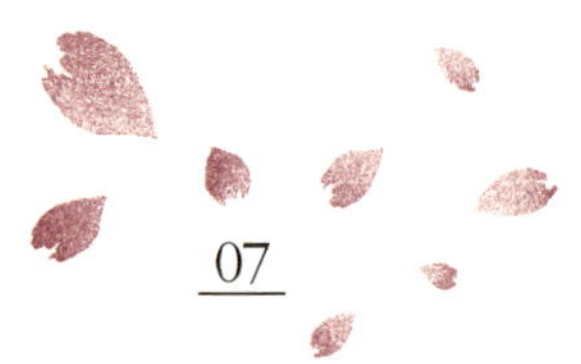

07

행복한 가정의 첫 걸음은 바로 사랑의 대화

6기 부모성품대화학교 수료생

몇 달 전에 우연히 TV에서 이영숙 박사님의 성품대화법 특강을 보게 되었다. 방송을 보는 내내 절망하던 내 마음속에 혹시나 하는 희망이 생겼다. 방송이 끝나자마자 나는 이영숙 박사님을 인터넷에서 찾아보기 시작했고 곧 좋은나무성품학교의 대표라는 것을 알게 되었다.

그 당시 나는 내 상황이 너무 절박했기에 '이것이 마지막 기회다'라는 생각으로 좋은나무성품학교에 무작정 전화를 걸어 이영숙 박사님과 상담을 받고 싶다고 요청했다. 그런데 다행히 그 곳 선생님이 이영숙 박사님의 자녀교육 세미나가 있다며 세미나 장소에 오면 만날 수 있을 거라고 친절하게 안내해 주셨다. 세미나 장소까지 달려간 나는 이영숙 박사님과 대화를 나눌 수 있게 되었다.

나는 말이면 그냥 다 하고 사는 것이라고 생각했다. 하지만 박사님의 강연을 들으면서 말하는 법도 있다는 것을 알게 되었다.

우리 집은 말하는 법을 전혀 모르고 사는 집안이었다. 우리 부모님은 아버지의 여자 문제로 늘 싸우셨고, 결국 이 문제로 지친 엄마는 집을 나가셨다.

어느 날 아버지가 새엄마라고 불러야 한다며 데리고 온 여자가 나와 두 살 차이나는 나의 고등학교 선배였다. 너무 기가 막혔다. 나는 이 여자와 매일 싸워야 했고, 결국 장독대의 모든 항아리를 돌로 쳐서 부수고 집을 도망쳐 나왔다.

그 뒤로 나는 친구 집에 숨어 살았다. 내가 우리 집에서 벗어날 수 있는 길은 결혼뿐이라는 결론을 내려 아버지와는 정반대일 것 같은 순한 지금의 남편과 결혼을 했다. 다른 것은 몰라도 아버지와 같은 문제만 없이 살기를 소망했다.

그런데 내 소망과는 달리 착했던 남편에게 이상한 전화번호와 여자 이름이 발견되면서 결국 나도 어머니와 같은 상황에 처하게 되었다. 우리 가정은 날마다 사람 사는 집이 아닌 것처럼 되었고, 두 아들도 자신의 방에서 나오지도 않는 우울한 가정이 되고 말았다.

그러던 어느 날, 나는 큰 아들에게 이런 답답한 심경을 이야기했는데, 남편에게 무척 화가 난 아들은 아버지에게 제발 그렇게 살지 말라며 소리쳤다. 아들의 반항에 화가 난 남편은 결국 과도를 아들을 향해 던졌지만, 자신의 손이 잘리는 사고를 당하고 말았다.

이 날 사건으로 충격을 받은 아들은 우울증에 걸려 자신의 방에서 두문불출하고 아무리 어두워도 불도 켜지 않고 혼자 우울하게 살고 있다. 그러나 이 일 후에도 남편은 보란 듯이 여자 행각을 벌였고 나는 어떻게 해야 할지 몰라 절망하고 방황하는 날을 보내고 있었다.

이런 절망 가운데서 이영숙 박사님의 특강을 통해 하나의 희망을 보게 되었다. 사실, 이 모든 문제가 다 남편에게 있는 줄 알고 나는 그동안 남편에게 화를 내고 있었다. 그런데 박사님의 강의를 통해 나에게도 문제가 있음을 발견하게 되었다. 내가 말할 줄 모르는 집안에서 자라 남편에게 그리고 아이들에게 너무 잘못된 말만 하고 살았던 것이다. 말하는 방법이 따로 있는지 몰랐던 것이다. 나는 박사님께 물었다.

"이제 와서 우리 집도 새로 시작할 수 있을까요?"

그런데 놀랍게도 박사님은 나에게 하나의 제안을 하셨다.

"그럼, 지금 저에게 방금 말씀하셨던 부분부터 시작해 보세요. 오늘 남편 분께 '대화하는 방법을 몰랐다'는 그 말부터 시작해 보세요."라고 말씀해 주셨다. 그리고 결과를 알려주기로 하고 헤어졌다.

우리 집의 기적은 놀랍게도 그날부터 시작되었다. 나는 그날 저녁 집에 돌아와 남편을 기다렸다가 이렇게 얘기했다.

"여보, 난 이 모든 일이 다 당신 탓인 줄 알고 원망만 했는데 알고 보니 내 잘못이었어요. 내가 말할 줄 몰랐어요. 어렸을 적 날마다 싸우며 지낸 집안에서 지내다 보니 싸우는 것이 다 말인 줄 알았어요. 당신도 많이 힘들었죠? 내가 잘못했어요."

그런데 나의 얘기를 듣던 남편의 얼굴이 변하면서 한참을 물끄러미 쳐다보다가 이렇게 말했다.

"당신, 내일 나하고 골프 갈래?"

그리고 다음날 정말 기적처럼 남편과 몇 년 만에 함께 골프를 치러 나갔다. 지금은 마음이 조금 편해졌다. 배운 대로 하면 왠지 잘될 것 같다. 큰아들과도 이렇게 시작하면 잘 될 것이다. 아들에게 용서를 구하고 희망적인 생각, 말, 행동을 하는 엄마의 모습과 아내의 모습을 보여줄 것이다. 사랑의 대화, 그것이 행복한 가정의 첫 걸음임을 잊지 않고 끝까지 실천할 것이다.

오늘도 대화로 관계를 회복할 수 있다는 희망을 가지고 나부터 마음을 열고 용기 내어 다가가 본다. 소낙비 후에 개인 햇살 같은 우리 가정을 소망하며….

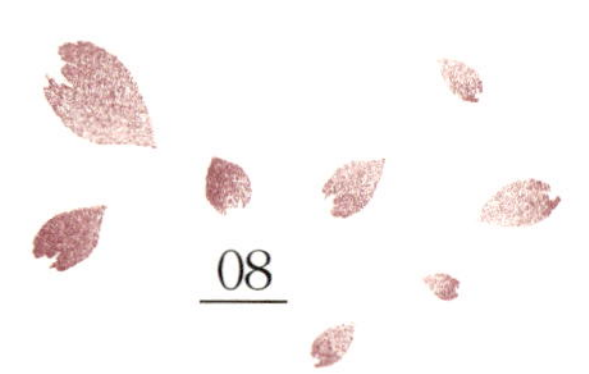

08

우리 가정의 또 하나의 가능성, 성품대화

1기 부모성품대화학교 / 수료생 김○○

좋은나무성품학교 밀알유치원에서 2년 동안 성품교육을 받은 아이를 통해, 성품교육이 얼마나 중요하고 필요한 교육인지 알게 되었다. 유치원을 졸업해서도 아이가 집에서 성품에 대해 잘 기억하고 실천할 수 있도록 엄마로서 준비해야겠다는 생각에 좋은나무성품학교의 '부모성품대화학교' 훈련 과정을 신청하여 듣게 되었다.

요즘 우리 집은 예전과 다르게 웃음소리와 축복의 말들이 넘치고 있다. 놀랍게도 나부터 변하려고 노력하니 저절로 아이들도 엄마의 좋은 말과 좋은 생각과, 좋은 행동들을 자연스럽게 따라하며 배우게 되었다.

가족들과 함께 나누는 대화도 성품 대화법으로 바꾸었다. 성품 대화법을 사용하니 정말 갈등과 문제들이 쉽게 해결 되었다. 그리고 아이들을 존중하면서 신뢰가 쌓이고 안정된 사랑이 더욱 깊어갔다. '진작 성품대화를 시도했다면 좋았을 것을'하고 후회하고 있지만 지금이라도 이렇게 적용하니 얼마나 다행인지 모른다.

성품대화법은 여러 종류가 있다. 생각을 바꾸는 대화, 감정을 변화시키는 대화, 행동을 바꾸는 대화 등 다양한 기술들이 있다. 그 외에도 여러 가지가 있지만 나는 긍정적인 칭찬과 훈계법을 주로 많이 사용하고 있다. 비난이나 비판이 아니라 성과보다 성품을 칭찬하고, 긍정적으로 격려해주었더니 아이도 나의 말에 잘 경청했고, 나 역시 자연스럽게 아이의 말에 경청하게 되었다.

대화법을 통해 성품을 실천하는 삶의 과정 속에서 우리 가정의 또 하나의 가능성을 발견하게 되었다. 내 안에 채워지지 않은 사랑을 억지로 짜내는 사랑이 아닌, 내가 먼저 변하고 내 아이들을 무한한 사랑으로 존중하며 좋은 성품을 닮기로 노력했다. 우리 가정이 정말 좋은 성품의 가정으로 변할 수 있겠다는 가능성을 보게 되었다.

오늘도 달라진 모습으로 아이들에게 먼저 다가가도록 겸손한 마음을 가져본다. 그리고 아이와 함께 이렇게 다짐해 본다.

"엄마도 너도 서로 힘들 때가 있지만, 우리 어려운 상황에서도 불평하지 말고, 좋은 생각, 말, 행동을 하면서 좋은 성품이 잘 자라도록 노력하자."

09

아이와 대화하는 것이 즐거워요

9기 부모성품대화학교 / 수료생 성○○

엄마에게 혼난 후 자는 아이들의 모습을 보면 '내가 왜 이렇게 아이들을 혼냈을까?'하는 후회와 자책, 미안함이 밀려온다. 몇 주 동안 좋은나무성품학교의 부모성품대화교를 통해 배우면서 나의 말이 성품이라는 것과, 나의 말을 아이들이 그대로 배운다는 것을 알게 되었다. 또한 이번 계기로 마음을 바로 잡아서 지금은 아이들과의 대화도 즐거워지고 마음도 편안해졌다.

아이는 항상 짜증을 내거나 "엄마랑 대화하면 왜 이렇게 힘든지 모르겠어!"라고 말하며 화내고 불평하곤 했었는데. 이젠 그 이유를 알게 되었다. 엄마인 나부터 아이에게 짜증내고 화를 내며 불평을 쏟아내고 있었던 것이다.

지금은 내가 변화되면 아이도 변화될 거라는 기대감으로 아이에게 진심어린 말과 행동으로 다가가는 중이다. 제일 먼저 실천하고 있는 것은 '아이의 감정 이해하기'이다. 두 번째는 사랑한다는 말을 하루에 3번 이상 잊지 않고 하고 있다. 처음엔 딸이 사랑한다는 말을 쑥스러워 했다. 내가 그동안 사랑한다는 말을 제대로 해준 적이 없기 때문에 아이의 그런 반응을 나도 충분히 이해한다. 지금은 사랑한다는 고백을 수시로 해준 덕분에 아이 역시 쑥스러워 하지 않고 사랑한다는 고백을 잘 한다.

이젠 아이와의 대화가 어렵지 않고 즐거워졌다. 아이를 공감하고 이해해주는 엄마, 엄마와 대화하는 것이 즐거운 아이, 이렇게 우리는 사랑의 대화로 회복되고 있다.

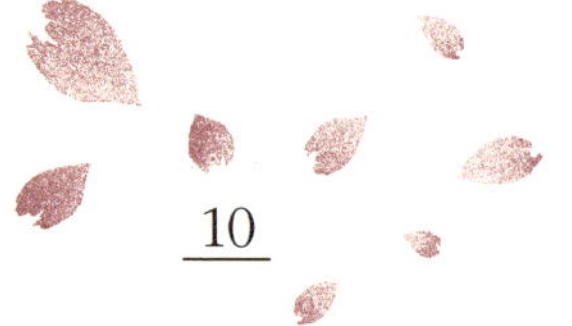

10

우리 회사 직원 채용조건 1순위는 성품!

9기 부모성품대화학교 / 수료생 김 ○○

오랫동안 나의 직장경험으로 보자면 우리 회사의 기본 방침은 대학교 성적이 좋은 사람을 우선 채용하는 것이었다. 그러나 막상 회사 생활 속에서 다른 사람과 함께 생활하다보면 성적이 좋은 사람보다는 성품 좋은 사람을 더 따르게 되고, 그런 사람 주변엔 항상 따르는 사람이 많아 팀워크 분위기도 훨씬 좋았다. 이번 부모성품대화학교를 통해 그 경험을 다시 한 번 상기할 수 있게 되었다. 역시 성적보다는 성품 좋은 사람이 행복한 가정, 행복한 사회, 행복한 국가를 만든다는 것을 다시 한 번 깨닫게 된 것이다.

나 역시 좋은 성품의 기본인 말, 즉 대화를 바꾸기 위해 이곳 좋은나무성품학교 부모성품대화학교를 찾게 되었다. 지금까지 평생 동안 길들여진 나의 습관들이 쉽게 수정되지는 않겠지만 배운 대로 열심히 노력하면서 나를 통해 주위에 있는 모든 사람들까지 행복해 질 수 있었으면 좋겠다. 좋은 성품으로 열심히 살아보고 싶다.

학교를 통한 성품의 향기

성품리더십이란 자신의 성품으로 다른 사람들의 생각과 감정, 행동에 변화를 일으켜서, 그들이 더 좋은 가치를 선택 수 있도록 동기를 부여하는 것(이영숙, 2005)입니다. 좋은 성품의 리더는 사고의 영역과 감정의 영역, 행동의 영역에 각각 의미 있는 영향을 주어 바람직한 변화를 도모합니다.

_『이영숙 박사의 성품리더십 칼럼—성공하는 행복한 성품리더십 만들기 | 이영숙 (2011)』 본문 中

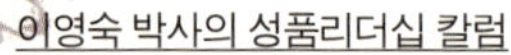

10대들에게 기쁨을 가르쳐 주세요

지난해 대구에서 폭력에 시달리던 중학생이 자살한 이후 올해에도 경북 영주와 안동에서 같은 아픔을 겪은 청소년들이 자살하는 일이 일어났습니다. 그때마다 자살 예방을 위한 대책들이 나오지만 별 소용이 없어 보입니다. 대체 우리 청소년들에게 어떤 문제가 있기에 이런 일이 일어날까요?

학교 폭력이나 집단따돌림도 심각하지만 2010년 통계청 조사 결과에 의하면 10대 청소년들이 자살을 생각하는 이유는 성적과 진학 문제가 53.4%로 가장 높습니다. 우리나라 청소년들이 학업 스트레스로 고통스러운 청소년 시기를 보내고 있다니 안타까운 일이지요.

사람은 누구나 스트레스가 있기 마련입니다. 스트레스란 적응하기 어려운 환경이나 조건에 처할 때 느끼는 심리적, 신체적 긴장상태를 말하는데, 적당한 긴장감은 삶에 활력을 주기도 합니다. **문제는 스트레스가 올 때 어떤 태도로 받아들이는가 하는 것인데, 이것을 결정하는 것이 바로 성품입니다.**

성품에 따라 선택이 달라지고 삶의 질이 달라집니다. 스트레스가 오고 위기가 올 때 기뻐할 수 있는 사람이 세상을 이기는 성품 리더가 됩니다. 기쁨이란 '어려운 상황이나 형편 속에서도 불평하지 않고 즐거운 마음을 유지하는 태도'(좋은나무성품학교 정의)입니다. 기쁨은 상황과 형편이 좋을 때만 갖게 되는 성품이 아닙니다. 힘들고 어려울 때, 즐거운 마음을 유지하는 태도가 바로 기쁨의 태도입니다.

그렇다면, 우리 청소년들이 세상을 이기는 기쁨의 성품을 가질 수 있도록 어떻게 도와주어야 할까요? 먼저 자신이 얼마나 귀하고 소중한 존재인지 알아야 합니다. 청소년 모두는 이 세상 누구보다도 더 귀한 사람입니다. 내가 얼마나 소중하고 존귀한 사람인지 안다면 그 어떤 어려운 환경도 내 안에 있는 기쁨을 빼앗지 못합니다.

그리고 이렇게 소중한 나를 위해 가장 가치 있는 일을 선택할 수 있도록 해야 합니다.

소중한 나를 세상 속의 보석으로 연마하기 위해 배우고 공부하는 것이 중요합니다. 그렇게 생각한다면 학업의 의미가 달라집니다.

우리는 어린 시절 놀이에 집중할 때 참 행복했다는 기억을 갖고 있습니다. 그리고 무엇인가를 새롭게 배우고 있을 때 재미있고 즐거웠다는 걸 알고 있습니다. 인간의 본능 중에는 재미의 욕구를 충족하려는 욕구가 있습니다. 그래서 어린 아이들이 가장 많이 하는 질문이 "엄마, 이게 뭐야?"입니다.

이제부터라도 우리 청소년들에게 공부를 스트레스가 아닌 재미로 생각하도록 인식의 전환을 시켜 주어야 합니다. 공부가 나를 성장시키고 숨은 재능을 발견하게 돕는 도구라는 생각의 전환이 배움을 더 즐겁게 해줄 것입니다. 모든 일이 다 그렇듯이 생각에 따라 스트레스가 되기도 하고 기쁨이 되기도 합니다. 화나고 짜증날 때의 상황을 잘 극복하는 방법을 가르쳐야 합니다.

잠시 멈추고 큰 숨을 쉬어 보도록 해주세요. 긴 숨을 내뿜으며 "나는 소중해. 나는 이 세상에서 하나밖에 없는 엄청난 존재야"하고 큰 소리로 말하면서 자신의 머리를 스스로 쓰다듬고 날마다 자신을 격려하는 것이 습관이 되도록 도와주어야 합니다.

청소년들이 자신을 소중하게 생각하고 소중한 자신을 위해 배우는 것을 즐거워하는 성품리더가 되어 뜨거운 태양아래 반짝반짝 빛나는 해변가의 조약돌처럼 단단하게 이 세상을 기쁘게 살아가기를 기대합니다.

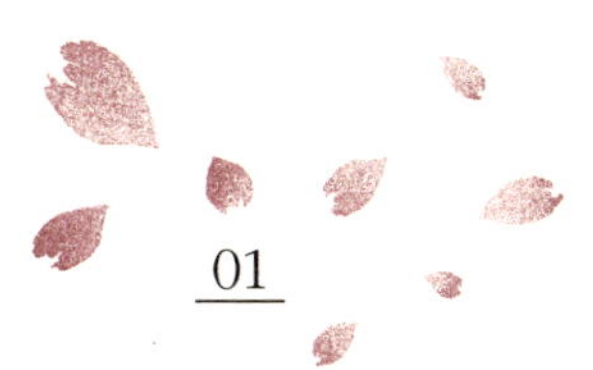

01

청소년을 변화시키는 성품교육

안양 신성중학교 / 남양주 와부중학교

2012년 청소년 성품교육의 문을 연 안양 신성중학교와 남양주 와부중학교에서 청소년들이 한 학기 동안 '기쁨'을 주제로 성품교육을 받았다. 성품교육을 마친 학생들은 어떤 생각을 하게 되었을까?

* 처음으로 하는 성품교육이었어요. 정말 재밌었습니다. 내가 먼저 변하면 다른 사람도 변한다는 것을 이번 성품교육을 통해 깨달았어요. 그리고 5-2-5 법칙을 배운 것이 가장 기억에 남아요. 잊지 않고 꼭 실천해볼 거예요.(2학년 김종민)

* 성품이란 타고나는 것이 아니라 훈련해서 좋은 성품이 된다는 것을 알았어요. 어려운 상황에서도 기쁨을 유지하는 것이 정말 중요한 것 같아요. (2학년 노하준)

* 기쁨에 대해 좀 더 진지하게 생각해보게 되었어요. 나로 인해 다른 사람도 기쁘고 나 자신도 함께 기뻐하는 그런 성품을 갖고 싶어요.

이번 성품교육을 통해서 내 성품 점수를 테스트 해봤는데 89점이 나왔어요. 앞으로 100점을 맞을 때까지 성품훈련을 열심히 할 거예요. (2학년 이홍석)

* 제가 생각하는 기쁨이란 다른 사람에게 즐거움을 주고 친절하게 대하는 태도예요. 이번 성품교육을 통해 진정한 기쁨을 알게 되었습니다. 다른 사람에게 기쁨을 줄 수 있는 방법을 진지하게 고민하게 되었어요. (2학년 김희상)

* 기쁨이란 내가 하고 싶을 것을 즐겁게 열심히 할 수 있는 것이라고 생각해요. 앞으로 기뻐하면서 다른 사람을 도우며 살고 싶어요. 그리고 기쁨에 대해 정확하게 이해를 못했는데 이번 성품교육을 통해 진정한 기쁨이 무엇인지도 알게 되었어요. 이번 성품교육, 매우 뜻 깊고 즐거웠습니다. (2학년 최준수)

* 좋은 성품이란 언제나 긍정적으로 기쁘게 사는 것이라고 생각해요. 성품교육을 받으면서 나를 축복하는 시간이 있었는데 감동이었어요. 나를 축복해본 적이 많지 않은데 나의 성품을 구체적으로 칭찬해보니 참 좋았어요.(2학년 전효재)

* 처음 배운 성품교육이었는데 공부보다 성품교육이 더 재밌었어요. 또 배우고 싶어요. 그리고 긍정적인 사고방식이 성품이라고 생각해요. 앞으로 어렵고 힘든 상황에서도 긍정적으로 생각하고 말하는 긍정의 성품을 갖고 싶어요. (1학년 학생)

* 두 팔과 다리가 없는 장애에도 불구하고 행복하게 사는 닉 부이치치의 모습을 보며, 건강 하게 살고 있지만 작은 일에도 불평했던 나의 모습을 돌아보게 되었어요. 앞으로 어려운 상황에서도 기쁨의 태도를 유지하며 살아야겠다는 다짐을 해보게 되었습니다. (1학년 학생)

02

학교에서 외친 정직의 성품

대전 동구 | 초등학교 1학년 (좋은나무성품학교 동심유치원 졸업) | 신주훈 어머니

주훈이가 초등학교에 입학한 후 아직 선생님과 친구들을 잘 알지 못할 때의 일이다.

그 날 학교 수업을 마치고 집에 돌아온 주훈이의 표정이 밝지 않았다. 이유를 물어보니 학교에서 억울한 누명을 썼다는 것이었다. 상황은 이러했다.

주훈이의 짝꿍인 여자 친구는 다른 남자 친구로부터 놀림을 받았다. 말장난으로 삼아 여자 친구를 놀렸던 것이다. 잠시 후 수업시작 종이 울렸고 담임선생님께서 들어오셨다. 그런데 여자 친구가 갑자기 선생님께 주훈이가 자신을 놀렸다며 거짓으로 일렀다는 것이다. 선생님은 여자 친구의 말만 믿고 주훈이에게 얘기할 기회조차 주지 않고 벌을 주었던 것이다.

이렇게 집에 돌아온 주훈이는 전혀 상관없는 일에 자신이 누명을 썼다며 억울해했고, 저녁이 될 때까지 주훈이의 기분은 풀어지지 않았다.

다음날 아침, 학교 갈 준비를 하는 주훈이를 보니 마음이 무거웠다. 주훈이를 어떻게 격려해 줘야 할지 잠시 고민하다 주훈이를 불렀다.

"주훈아, 기분은 좀 어때?"

"응! 엄마, 난 괜찮아. 오늘 학교에 가서 친구들과 재미있게 수업하고 놀거야. 난 긍정적인 태도를 배운 어린이잖아. 어떠한 상황에서도 가장 희망적인 생각, 말, 행동을 선택하는 마음가짐. 히히"

주훈이를 보니 다행히 걱정했던 것보다 기분이 훨씬 좋아보였고 어딘지 모르게 당당하기까지 했다.

그날 오후, 나는 집에 돌아온 주훈이로부터 뜻밖의 얘기를 들었다. 어제 학교에서 있었던 일은 자신과는 전혀 상관없는 일이라며 선생님께 솔직하게 말씀드리고 왔다는 것이다.

"선생님! 드릴 말씀이 있습니다. 저는 좋은나무성품학교 동심유치원에 다닐 때 정직의 성품을 배운 성품 어린이입니다. 정직이란 어떠한 상황에서도 생각, 말, 행동을 거짓 없이 바르게 표현하여 신뢰를 얻는 것입니다. 어제 짝꿍을 놀린 것은 제가 한 일이 아닙니다. 저는 정직하게 말씀 드렸습니다. 안녕히 계세요."

그렇게 말하고 선생님께 정중하게 인사드리고 나왔단다. 어떠한 상황에서도 당당한 주훈이를 볼 수 있어서 얼마나 기뻤는지 모른다. 그리고 정직한 성품으로 당당하고 자신감 있게 살아갈 미래의 주훈이의 모습을 상상하며 마음이 뿌듯했다. 초등학교에 들어와서도 성품을 잊지 않고 발휘한 주훈이가 대견하고 자랑스럽다.

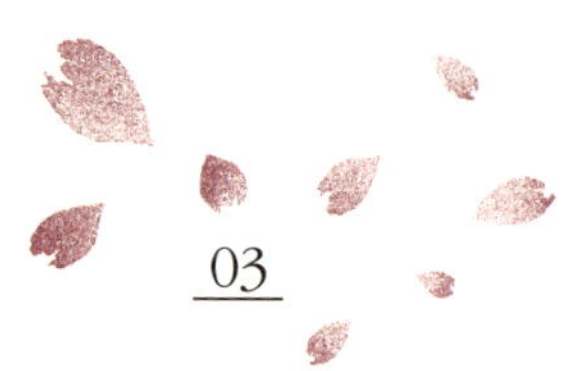

03

성품교육이 모든 교육의 중심이 되었으면 좋겠어요

제주 남제주 | 초등학교 1학년 (좋은나무성품학교 표선어린이집 졸업) | 임다빈 어머니

다빈이는 좋은나무성품학교 표선어린이집에서 성품교육을 받은 후 성품이 많이 달라졌다. 그런데 올해 초등학교에 입학한 다빈이를 보면서 나에게 새로운 걱정거리가 하나 생겼다. 그것은 바로 '성품교육을 하지 않는 초등학교에서도 잘 적응하고 배운 성품을 기억할 수 있을까?'하는 것이었다. 그러나 내 걱정과 달리 다빈이는 현재 초등학교에서 어엿한 성품리더로 잘 자라고 있다.

한번은 다빈이가 학교에서 돌아와 자랑을 했다.

"엄마, 오늘 수업시간에 친구들이 떠들어서 '선생님이 말씀하실 때는 경청하는 거야!'라고 말해줬더니 친구들이 경청이 뭐냐고 물어 봤어요."

"어머 그랬구나? 그래서 뭐라고 대답해줬어?"

"응, 그래서 내가 '경청이란, 상대방의 말과 행동을 잘 집중하여 들어 상대방이 얼마나 소중한지 인정해 주는 거야'라고 정의를 말해줬더니, 친구들이 우와~ 하면서 놀라워했어요."

"우와~ 정말 대단하다. 앞으로 다빈이가 다른 성품도 친구들에게 알려주면 정말 좋을 것 같구나."

학교에서 다빈이의 성품 실천은 이렇게 시작되었다.

어느 날, 다빈이의 담임선생님으로부터 한 통의 전화가 걸려왔다. 상황은 이러했다. 그날 준비물은 물감과 크레파스였는데, 다빈이가 준비물을 챙겨오지 않은 몇 명 아이들에게 자신의 색칠도구를 함께 나눠 쓰자고 했다고 한다. 준비물을 챙겨온 다른 친구들은 자신의 학용품을 나눠 쓰는 것을 싫어하거나 누가 준비물을 안 챙겨 왔는지 관심도 없는 반면에 다빈이는 준비물을 안 챙겨온 친구는 없는지 관찰부터 하고 자기 것을 나눠 쓰며 배려했다는 것이다. 그 뿐만이 아니라 보통 아이들과 달리 항상 예의바르고, 양보도 잘하고 질서도 잘 지켜서 친구들에게 인기도 많고 다른 선생님들께 칭찬도 많이 듣는다고 한다. 다빈이를 보면 깜짝 놀랄 때가 많다며 비결이 뭐냐고 물으셨다. 나는 다빈이가 경청할 줄 알고 배려할 줄 아는 것은 유치원에서 성품을 배웠기 때문이라고 설명했다. 나의 말을 들은 선생님은 성품교육에 대해 진지하게 고민해보게 되었다고 하셨다.

그날 선생님과 통화한 후 다빈이가 학교에서 성품을 잘 실천하고 있는 것 같아 한결 마음을 내려놓을 수 있었고, 마음에 큰 감동이 밀려왔다. '열심히 가르친 성품교육이 혹시 유치원을 졸업하고 나서 다시 성품을 배우기 전의 모습으로 되돌아가면 어쩌나'하고 걱정을 많이 했었는데, 선생님의 말씀을 듣고 나니, 그런 무거운 마음을 내려놓을 수 있게 되었다. 앞으로 다빈이가 좋은 성품의 태도를 잊지 않고 살아갈 수 있도록 성품교육을 꾸준히 가르쳐야겠다는 생각과 함께 책임감이 더 커졌다. 또한 성품교육이 공교육에서도 반드시 필요한 교육이라는 것을 깊이 생각해 보게 되었다. 가정에서 실천하는 교육뿐만 아니라 유치원에서 초등학교와 중학교를 거쳐 고등학교와 대학교까지 성품교육이 계속해서 이어져야 한다는 생각이 들었다. 성품교육이 빠진 학교교육… 그저 안타까울 뿐이다. 하루빨리 성품교육이 모든 교육의 중심이 되었으면 좋겠다.

04

초등학교에서 빛나는 '성품우등생'

대전 동구 | 초등학교1학년 (좋은나무성품학교 동심유치원 졸업) | 황지원 어머니

초등학교에 다니는 지원이는 성품모범생이며 공부도 잘한다. 어느 날 지원이 학교 짝꿍인 성훈이의 엄마를 시장에서 마주친 적이 있었다. 성훈이 엄마는 성훈이가 머리가 좋은데 지원이를 늘 앞서지 못해 아쉽다며 말을 꺼냈다.

"지원이 때문에 우리 성훈이는 항상 2등이에요."성훈이 엄마는 웃으면서 말했지만 왠지 씁쓸함이 묻어난 말투였다.

"아니에요. 성훈이가 워낙 똑똑해서 더 잘 할 거예요"라고 말하고 왔지만 집에 오는 길 내내 왠지 마음이 무거웠다. 그날 저녁 나는 지원이에게 "지원아, 짝꿍 성훈이가 너보다 앞설 때도 있니?"라고 물었다. "아니요. 성훈이는, 나보다 머리는 좋지만 경청을 잘 안 해요. 나는 유치원에서 성품을 배워서 잘 아는데 성훈이는 성품을 안 배웠거든요. 경청이란, '상대방의 말과 행동을 잘 집중하여 들어 상대방이 얼마나 소중한지 인정해 주는 것'이라는 것을 성훈이는 몰라요. 하지만 수업시간에 선생님 말씀에 잘 경청한다면 공부를 더 잘할 수 있을 거예요."

지원이의 입에서 뜻밖의 말이 흘러나와 놀랐다. 공부 잘할 수 있는 방법이 똑똑한 것만이 아닌 경청의 태도가 뒷받침돼야 한다는 것을 지원이는 알고 있었던 것이다. 아직 어리지만 좋은 성품이 공부를 잘할 수 있는 비결이라는 것을 알고 있는 지원이를 보니 과목 점수와 경쟁에서 이기는 것만 강조하는 사회에서 지원이의 성품이 반짝반짝 아름답게 더욱 빛나보였다. 지원이가 앞으로 사회에서 좋은 성품의 리더로 자라주길 오늘도 소망하며 기대한다.

05

초등학교 안에서 배려를

경기 수원 | 초등학교1학년 (좋은나무성품학교 영통밀알유치원 졸업) | 편도빈 어머니

안녕하세요. 저는 나곡초등학교 1학년 편도빈입니다. 좋은나무성품학교 밀알유치원을 졸업한 저는 유치원에서 배운 성품이 학교생활을 할 때 여러 가지로 도움이 되었던 것을 이야기 하려 합니다.

1학년이 되어서 처음에는 기뻤는데 우리 반 아이들은 성품학교 친구들과 많이 달랐습니다. 쉬는 시간에 놀아주면 좋아하지만 먼저 다가와 놀아주는 친구는 별로 없어서 참 이상하다고 생각했습니다. 성품학교 친구들과는 모두 즐겁게 지냈는데 반 친구들은 말을 해도 친절하지 않았습니다. 어느 날 학교 갔다 와서 엄마에게 고민을 이야기했는데 엄마는 '대접 받고자 하는 대로 먼저 대접해 주라'고 하신 예수님 말씀을 이야기해 주셨습니다. 그리고 성품학교에서 배운 배려를 내가 먼저 잘 실천해봐야겠다고 생각했습니다.

관심을 갖고 잘 관찰하는 것은 정말 어렵습니다. 엄마와 저는 학교 준비물을 여러 개 챙겼습니다. 플라스틱 컵을 2개 가져오라고 하시면 10개 가져가서 안 가져 온 친구가 있으면 나눠 주었습니다. 나쁜 말로 다른 친구를 심하게 놀리는 친구가 있으면 그만두라고 말하기도 했습니다. 그런 말을 하고 나자 내가 자랑스러웠습니다.

가끔씩 다투기도 하지만 우리 반 친구들과 모두 사이좋게 지냅니다. 1학년이 되자 유치원 때와 달리 공부 할 것도 많아졌고 학교 선생님은 유치원 선생님보다 조금 더 엄하십니다. 수학 시간에 하는 반쪽 따라 그리기는 정말 복잡해서 하기 힘들었습니다. 그런데 잘 인내하는 것이 공부할 때도 필요했습니다. 한 시간 내내 그리면 알레르기 때문에 눈도 가렵고 팔도 아프고 계속하기 싫을 만큼 어려울 때도 있지만 불평 없이 참고 인내해서 선생님께서 '검'자를 써 주실 때는 정말 뛸 듯이 기쁩니다. 앞으로도 좋은나무성품학교 밀알 유치원에서 배운 성품들이 많이 생각나면 좋겠습니다. 또 지혜로운 사람이 되고 싶습니다. 선생님 감사합니다. 예빈아, 엄마 아빠, 사랑해요.

부모를 통한 성품의 향기

부모가 자녀에게 줄 수 있는 가장 큰 선물은 가정에서 받은 좋은 기억들일 것입니다. 그 선물은 그들의 평생을 행복하게 해주는 선물이 될 것이며 삶의 위기 때마다 꺼내어 쓸 수 있는 방패막이 될 것입니다. 오늘 우리 자녀들과 함께할 수 있는 좋은 기억들을 주는 시간을 만들어 보십시오. 좋은 성품은 부모가 자녀의 기억 속에 물려주는 귀중한 유산입니다.

_『이영숙 박사의 행복을 만드는 성품 | 이영숙 지음 (2010)』 본문 中

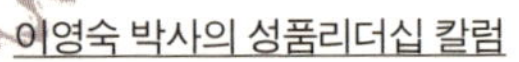
이영숙 박사의 성품리더십 칼럼

공감인지능력을 길러주는 성품양육법

21세기는 감성의 시대, 다양화 시대, 개성의 시대, 하이테크의 시대가 만개하면서 사람을 이해하고 마음을 열게 하는 하이터치(High Touch)가 더 중요하게 되었습니다. 그래서 인간적인 개념을 내포하고 있는 성품리더십이 더욱 필요한 시대가 되었지요. 성품 좋은 사람들은 저절로 리더십을 발휘합니다. 리더십의 핵심은 영향력인데 사람들은 좋은 성품의 사람들을 따라하고 함께 있기를 좋아하기 때문에 저절로 영향력을 끼치는 지도자가 됩니다.

성품으로 빚어지는 리더십의 영향력은 다른 무엇보다도 강력한 결과를 만들어 냅니다. 예를 들어 독일의 두 지도자를 비교해 봅시다. 한 사람은 5살 때부터 새어머니 밑에서 온갖 학대와 멸시를 받으며 자랐습니다. 그는 이런 어려움을 겪으면서 어린이들이 자신처럼 불행한 시절을 보내는 일은 더 이상 없도록 해야 한다고 생각했습니다. 그리고 마침내 소년은 교육자로 성장하여 불우한 가정의 아이들을 돌보는 세계 최초의 유아교육기관을 만들었습니다. 바로 프뢰벨입니다. 그는 어린 시절에 받은 학대와 상처를 긍정적인 방향으로 극복하여 불우한 아이들에게 꿈과 희망을 주는 훌륭한 지도자가 되었지요.

한편 프뢰벨처럼 불행한 유년 시절을 보낸 또 다른 사람이 있습니다. 그는 어린 시절 유태인인 아버지로부터 심한 매질을 당하면서 증오심을 가슴 깊이 새겨두었습니다. 그리고 성인이 된 후에는 나치의 지도자가 되어 유태인에 대한 증오심을 대학살로 분출시키고 말았습니다. 바로 600만 명의 유태인을 학살한 아돌프 히틀러입니다. 부정적인 상황은 동일했지만 성품의 차이가 부른 영향력은 극단적인 정반대의 결과로 나타났습니다.

이처럼 성품 좋은 사람이 지도자가 되면, 세상을 행복하게 바꾸는 영향력이 나타납니다. 결국 성품리더십을 소유한 지도자가 아름답고 행복한 공동체를 만들고, 평화로운 세상, 살기 좋은 나라를 만드는 것이지요.

내 자녀가 성품리더십을 발휘하여 미래의 훌륭한 지도자로 성장하길 원한다면, 무엇보다도 공감인지능력(Empathy)을 자녀에게 가르치고 훈련시켜야 합니다. 공감인지능력은 다른 사람의 감정을 이해하고 배려할 줄 아는 능력으로, 정서적인 갈등을 피하고 상대방에게 상처 주는 행동을 하지 않도록 하는 성품 덕목입니다. 공감의 리더십은 다른 사람과 정서적으로 교감할 수 있는 능력을 갖게 하는 경청, 긍정적인 태도, 기쁨, 배려, 감사, 순종의 성품을 통해 발휘됩니다.

그러면 공감의 리더십을 어떻게 키워줄 수 있을까요? 자녀에게 공감인지능력을 가르치려면, 부모가 먼저 공감하는 모습을 보여줘야 합니다. 자녀의 감정을 수용해 주고 조절해 주는 부모 밑에서 자란 아이들은 보다 안정적이고 스트레스가 적으며, 다른 사람의 감정을 잘 이해하는 공감의 리더십을 발휘합니다.

〈공감인지능력을 길러주는 성품양육법〉

첫째, 자녀의 감정을 경청해 주세요.

경청이란 '상대방의 말과 행동을 잘 집중하여 들어 상대방이 얼마나 소중한지 인정해 주는 것'(좋은나무성품학교 정의)입니다. 자녀가 말할 때 말과 제스처로 "정말?" "아, 그래?" "오~" "저런"등의 공감하는 표현으로 감정을 지지해 주세요. 부모가 자신의 기분을 경청해 줄 때 다른 사람을 향해서도 공감인지능력을 발휘하게 됩니다.

둘째, 무례한 행동을 즉시 지적하고 용납할 수 없는 이유를 설명해 주세요.

자녀의 무례한 행동이 습관화되지 않도록 사전에 방지하는 것이 중요합니다. 더불어 자녀의 행동이 왜 용납될 수 없는 무례한 행동인지, 어떤 점이 걱정스러운지 설명해 주세요. 자신에게만 집중된 관심을 다른 곳으로 돌리고, 자신의 행동이 상대방에게 어떤 영향을 줄 수 있는지 생각하도록 도와줍니다. "그렇게 말하는 것은 친절한 말이 아니란다. 사람들이 그런 네 모습을 보면 네가 아주 무례한 아이라고 생각할 거야."

셋째, 자녀에게 "어떻게 생각하니?"라는 질문을 자주 해 주세요.

다른 사람의 행동을 보고 자녀가 느끼는 점을 이야기하도록 질문해 보세요. 예를 들어 어떤 사람이 별명을 부르며 무시하는 모습을 보았다면 이렇게 질문해 봅니다. "유종아, 만약 하종이가 너한테 별명을 부르면서 '돼지'라고 소리치면 넌 어떤 기분이 들겠니?"

다른 사람의 입장을 생각하는 것은 쉽지 않은 일이지만, 부모의 통찰력 있는 질문을 통해 자녀가 상대방의 감정을 고려하도록 안내해 줄 수 있습니다.

01

장애를 이기는 경청의 성품

경기 수원 | 좋은나무성품학교 새밀알유치원 | 배정아 어머니

청각 장애가 있는 남편은 보청기를 착용하여 소리를 듣고, 수화를 일상 언어로 사용합니다. 듣는 것이 불편한 아빠 때문에 정아는 가끔 "아빠는 내가 불러도 대답도 안하고, 내 말도 못 알아들어요!"라며 투덜대곤 했지요. 하지만 성품교육을 받고 있는 정아가 요즘 아빠를 향한 마음과 태도가 바뀌기 시작했습니다. 아빠의 발음이 정확하지 않아 어린 정아에게는 듣기 어려울 수도 있는데, 정아는 "아빠는 소중하니까, 아빠의 말과 행동에 잘 집중하여 들어야 해."하며 아빠의 말 한 마디 한 마디를 놓치지 않으려고 귀를 쫑긋 새워 듣습니다. 어려운 수화까지 배워가며 말이지요. 그 모습이 얼마나 예쁜지 모릅니다.

"우리 아빠는 경청하는 아빠예요. 우리가 하는 말을 더 잘 들으려고 귀를 쫑긋 세워 집중하여 들어주시거든요. 우리 가족도 아빠의 말과 행동에 잘 집중하여 듣는 경청의 가족이에요."

누구보다도 서로의 말과 행동에 잘 경청해 주는 우리 가족이 있어 오늘도 감사함을 느낍니다.

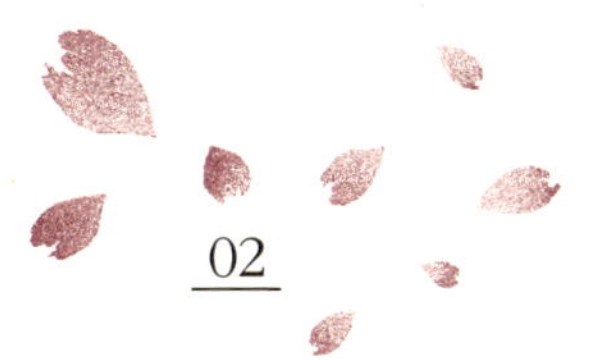

02

사고의 슬픔을 감사의 기쁨으로 만든 성품교육

전북 전주 | 좋은나무성품학교 J 그림나라유치원 | 김도건 어머니

며칠 전 도건이가 놀이터에서 그네를 타고 있었습니다. 그때 갑자기 세 살 쯤 된 어린아이가 도건이가 타는 그네로 뛰어 오는 바람에 그네와 충돌하고 말았습니다. 어린아이는 눈썹 주변이 심하게 찢어져서 안족근육과 뼈가 보일 정도였습니다.

마침 남편도 함께 놀이터에 나와 있던 터라 아이를 안고 병원 응급실로 급히 향했습니다. 병원에 가는 동안 차 안에서 도건이는 자기 때문에 꼬마가 다쳤다며 엉엉 울었습니다. 상황이 너무 순식간이라 우리 부부도 크게 놀랐고 우리보다 더 놀라 울고있는 아이들을 어떻게 진정시켜야 할지 막막했습니다.

응급실에 도착하자 아이는 스무 바늘 이상을 꿰매는 큰 수술을 받았습니다. 그 무렵에서야 아이 엄마가 도착했습니다. 수술이 끝나길 기다리며 아이 엄마에게 어떻게 된 일인지 설명을 했습니다. 그런데 이야기를 들은 아이 엄마의 반응이 너무나 뜻밖이었습니다.

"괜찮아 도건아, 네 잘못이 아니야. 그 상황에선 누구라도 그네를 멈출 수 없었을 거야. 그리고 눈이 안 다쳤으니 얼마나 다행이니, 그치?"

도건이도 우리 부부도 아이 엄마의 말을 듣고서 놀라지 않을 수 없었습니다. 아이를 어떻게 단속했느냐고 비난이 쏟아질지도 모른다는 생각에 두렵기도 했거든요. 게다가 아무리 이해심이 많더라도 아이가 그렇게 다쳤는데 흥분하지 않을 부모가 있을까 싶었지요.

수술이 다 끝난 뒤 도건이가 먼저 의사선생님께 다친 아이는 어떻게 되었느냐고 묻더군요. 수술은 잘 되었다며 걱정하지 말라는 의사선생님 말씀을 듣고 나서야 우리 가족은 모두 한시름 놓을 수 있었습니다.

그 다음날 오후에 유치원 선생님으로부터 전화가 걸려왔습니다. 그리고 새로운 사실을 알게 되었지요. 어제 다친 아이는 도건이와 같은 유치원에서 성품교육을 받는 세 살짜리 은찬이라는 아이였습니다.

그리고 그날 저녁에는 은찬이 어머님으로부터 전화가 왔습니다.

"어제 많이 놀라셨죠? 은찬이 치료받고 잘 놀고 있으니 걱정 마세요. 도건이 혼내실까봐 그러지 마시라고 전화 드렸어요. 눈이 안 다치길 정말 다행이잖아요."

나보다 남을 먼저 생각하는 은찬이 어머님의 성품에 또 한 번 놀라지 않을 수 없었습니다. 긍정적인 태도와 감사로 이 상황을 견딘 은찬이 어머님의 성품 덕분에 서로 감사하고 기쁜 마음으로 위기를 잘 넘길 수 있었습니다.

은찬이 어머님을 통해 진정한 성품리더란 어떤 모습인지 진지하게 생각해보게 되었습니다. 그리고 성품교육을 받은 부모는 역시 다르다는 사실도 깨닫게 되어습니다. 남을 먼저 생각하는 것, 이것이 바로 성품을 가르치는 참된 부모의 모습이 아닐까요? 오늘도 성품의 물결이 감동이 되어 내 마음에 울려 퍼집니다.

03

엄마보다 더 큰 '일곱 살 건수'를 만나다

경기 인천 | 좋은나무성품학교 예지GBI스쿨 | 김건수 어머니

올해 일곱 살인 건수는 태어난 지 5개월 만에 심장수술을 하고 생후 8개월부터 극심한 아토피에 시달렸다. 심한 아토피로 참을 수 없는 가려움과 싸우며 밤을 하얗게 지새우는 날들이 지속되었고 얼굴과 온몸에 나는 진물 때문에 사람들의 눈을 피해 다녀야 했던 날들이 반복되었다.

"엄마, 나 죽고 싶어. 왜 하나님은 날 이렇게 만들었어?"

건수는 이렇게 아토피를 하루하루 힘겹게 견디며 신경질적이고 과격한 아이로 변해갔다.

건수가 6살이 되고 좋은나무성품학교 예지GBI 스쿨에서 성품교육을 받기 시작하자, 건수의 몸과 마음이 자람과 함께 좋은 성품의 씨앗이 하나씩 심겨지기 시작했다. 성품교육은 과격한 아이였던 건수를 차츰 성품 좋은 아이로 변화시키기 시작했다.

일곱 살이 된 건수가 어느 날 친구 생일 파티에서 혼자만 케이크를 먹지 못한 것을 긍정적으로 받아들이며 나에게 이렇게 말했다. "엄마, 나는 내 몸을 배려하기 위해서 케이크를 안 먹을 거예요. 그리고 좋은 일이 이루어 질 때까지 불평 없이 참고 기다리면 아토피 치료도 잘 받고 맛있는 케이크도 먹을 수 있지요?"하고 물었다.

나는 건수에게 "물론이지, 우리 건수 인내하며 잘 참고 있구나. 멋지다 우리 건수. 잘 참고 인내해줘서 고마워"라고 위로하며 감사를 표현했다.

이렇게 변화하고 있는 건수에게 한 달 전, 하나의 사건이 있었다. 평소 과자를 함부로 먹지 않았던 건수가, 그날은 다른 친구들이 먹는 과자를 자기도 먹어보고 싶었는지 "엄마, 다른 건 안 먹어도 되니까 과자 하나만 꼭 먹어보고 싶어"라고 말해 나도 그만 과자 한 조각만 먹으라고 허락을 하고 말았다. 하지만 건수는 신나게 과자 10조각을 먹고 15분이 지나도 아무런 반응이 나타나지 않자 남아있는 과자를 다 먹고 말았다. 그런데 그때였다. 건수의 얼굴은 눈꺼풀이 부어올라 눈동자가 안보이고 입술이 부풀어 올라 심하게 맞은 권투 선수의 얼굴처럼 점점 변해갔다. 온 몸에 크고 두꺼운 두드러기들이 솟아올랐고 건수는 가려워서 온몸을 긁어대기 시작했다.

"엄마, 어떡해? 나 괜찮아?"라고 떨리는 목소리로 울부짖는 건수를 보며 그 과자를 사준 것을 심하게 자책했다. 아이를 배려하지 못한 내 모습에 화가 나서 온 몸이 떨리기 시작했다. 그런데 나를 놀라게 한건 그 다음 건수의 태도였다. 건수는 짜증을 내거나 화내지 않고 이렇게 말했다.

"엄마, 엄마 잘못이 아니예요. 내가 절제하지 못했어요. 내가 아무리 먹고 싶어도 내 몸을 배려하기 위해서 절제해야 하는데 내가 잘못한 거예요. 선생님이 과자가 먹고 싶어도 꼭 참고 절제하고 인내하라고 하셨는데. 그게 나를 위해 배려하는 거라고 했는데. 내가 그만, 과자가 먹고 싶어서……."

침착한 목소리로 "엄마, 기도해줘."라고 말하는 건수를 보자 나는 그만 자리에 주저앉고 말았다. 건수의 말은 나를 진정시켰고 정신을 차린 나는 건수의 손을 잡고 응급실로 향했다. 건수는 가는 길 내내 마음 아파하는 나를 보며 권투선수 같은 얼굴로 자신의 특기인 재미있는 표정 짓기로 나를 안도시키고 웃게 해주었다. 그 날 나는 나보다 더 큰 성품의 일곱 살 건수를 만났다.

아프다고 불평하고 떼쓰기보다, 자신의 성품을 돌아보고 반성할 줄 아는 건수의 모습이 빛을 발하는 순간이었다. 나와 아이 아빠는 건수를 통해 오늘도 배우며 반성하는 시간을 가졌다. 부모보다 더욱 뛰어난 성품을 가진 우리 건수, 다른 아이들보다 조금은 더 힘겨운 생활을 지내온 건수에게 좋은나무성품학교의 성품교육은 좋은 길잡이가 되어 주었다. 마음이 자라는 시기의 우리 아이들에게 성품교육은 앞으로도 큰 힘이 될 것이라 생각한다.

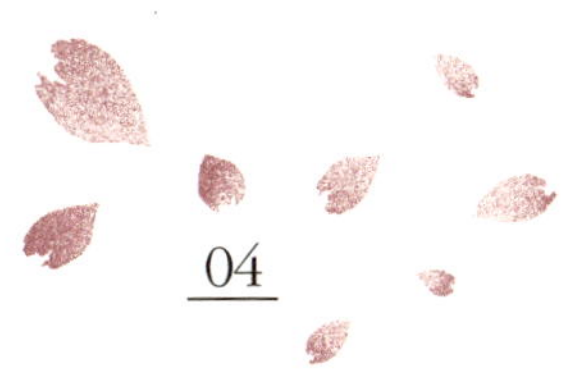

04

긍정적인 어린이는 나쁜 행동을 똑같이 따라하면 안돼요

경기 인천 | 좋은나무성품학교 동원유치원 | 김나은 어머니

어느 때처럼 친구와 놀이터에서 놀고 돌아온 나은이가, 어쩐 일인지 모래를 잔뜩 뒤집어 쓴 채로 현관을 들어섰다. 나는 너무 놀라 아이에게 물었다.

"나은아, 왜 이렇게 모래 범벅이 됐어? 무슨 일이야!"

이유인즉 상대편 친구가 나은이에게 모래를 집어던져서 나은이가 온통 모래를 뒤집어쓰게 됐다는 것이다. 엄마인 나는 너무 화가 나서

"너도 던지지 그랬어, 왜 가만히 있었니? 다음부터는 친구가 그러면 너도 똑같이 해!"

라며 짜증을 내고 언성을 높였다. 그런데 그때였다.

"엄마, 나는 그런 행동을 하면 안돼요. 나는 긍정적인 태도

를 가진 어린이고, 긍정적인 어린이는 나쁜 행동을 똑같이 따라하면 안되거든요."

순간 나는 부모로서 아이에게 잘못된 말과 행동을 보여줬다는 생각이 들어 얼굴이 화끈거렸다. 나은이의 대답을 듣는 순간 나보다 뛰어난 아이의 좋은 성품에 퍼뜩 정신이 들었다.

좋은나무성품학교 동원유치원에 다닌 후로 나은이는 말과 생각, 그리고 행동이 확실히 달라졌다. 아이의 긍정적인 태도를 보면서 성품교육의 강력한 힘을 새삼 느낄 수 있었다. 엄마로서 좋은 성품을 보여주지 못하고 아이에게 분별력 없이 말한 스스로가 무척 부끄러웠다.

언제 그랬냐는 듯이 모래를 털고 깨끗하게 씻은 나은이가 "긍정적인 태도란 어떠한 상황에서도 가장 희망적인 생각, 말, 행동을 선택하는 마음가짐"이라며 정의노래를 흥얼거렸다. 그런 아이를 물끄러미 바라보며 엄마로서 더없이 행복한 마음과 꼭 좋은 성품으로 본이 되는 부모가 되어야겠다는 생각이 들었다. 오늘 나은이가 보여준 긍정적인 태도는 희망으로 꽃피울 나은이의 미래를 한층 더 기대하게 만들었다. 그리고 나 역시 나은이를 위해서라도 긍정적인 태도를 잃지 말아야겠다고 다시 한 번 다짐했다.

05

엄마, 생각하고 말해요

전북 전주 | 좋은나무성품학교 예랑유치원 | 김강민 어머니

강민이의 동생 지민이가 변기를 엎어서 온몸에 소변을 뒤집어쓰고 말았다. 화가 나서 지민이를 야단치고 있는 나를 물끄러미 바라보며 강민이가 말했다.

"엄마, 지민이가 변기에 쉬를 안하고 응가를 했으면 어땠을까?"
"으~ 생각만 해도 싫다."
"그렇겠지? 응가 안하고 쉬한 게 얼마나 다행이야."

엄마인 나는 잠시 말을 멈췄다. 그러자 강민이가 이어서 말했다.

"엄마, 생각하고 말해요. 힘들어도 참고 '응가 안하고 쉬한 게 다행이다'생각하면서 치우는 게 긍정적인 태도지."

"강민이 말이 맞네. 엄마가 너무 화가 나서 그랬어."

그러자 강민이는 내게 '긍정의 법칙(Stop, Think, Choose)'을 설명해 주었다.

"화가 나도 Stop하고 Think 해야죠."
"그러게……."
"다음부터 우리 더 노력해요."

강민이의 말에 나는 머리를 숙이게 되었다. 긍정적인 태도란 '어떠한 상황에서도 가장 희망적인 생각, 말, 행동을 선택하는 마음가짐'이다. 나도 성품을 배워서 강민이에게 부끄럽지 않은 부모가 되어야겠다고 생각했다. 강민이가 배우는 성품으로 인해 우리 가정도, 학교도, 세상도 변하게 될 것이라 믿는다.

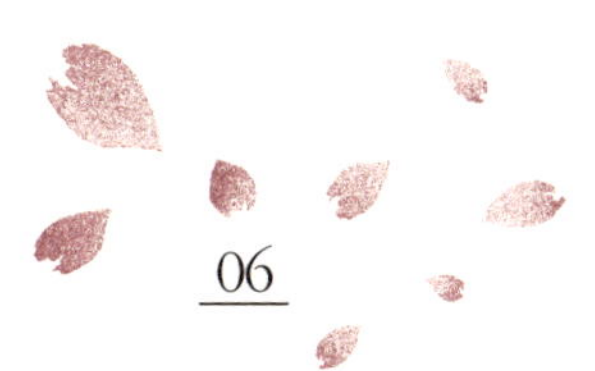

06

아빠 경청 몰라요?

충남 논산 | 좋은나무성품학교 중앙유아스쿨 | 홍현기 아버지

어느 날 저녁이었다. TV 뉴스에 집중하고 있는 나에게 현기가 다가와 말을 건넸다. 하지만 아빠인 나는 뉴스에 집중하고 있어 아이의 말에 잘 경청하지 못했다.

"응, 그랬구나…"

그런데 그때였다. 건성으로 대답하며 듣는 척만 한 나에게 현기가 자기의 얼굴을 가까이 대더니 "아빠! 대화할 땐 눈을 보면서 이야기를 들어야지! 경청 몰라요? 경청! 경청해야 되는 거야."라고 말하는 것이 아닌가. 순간적으로 깜짝 놀라며 정신이 번쩍 들었다. 현기의 눈을 바라보니 눈동자가 예쁘게 빛나며 함박 웃고 있었다.

"현기야 미안해. 아빠가 뉴스 보느라고 현기 말을 잘 못들었네."

"아빠, 경청이란 상대방의 말과 행동을 잘 집중하여 들어 상대방이 얼마나 소중한지 인정해 주는 것이에요. 난 소중한 아들이니까 내 말에 잘 경청해 주세요"

하며 현기는 그날 유치원에 있었던 일들을 재잘거리며 들려주었다. 순수하기 이를 데 없는 그 재잘거림 속에서 느낀 것은, 마냥 어린아이인줄만 알았던 현기가 성품교육을 받고 나더니 더욱 어른스러워졌다는 것이다.

그날 현기의 따끔한 충고를 듣고 난 이후 나는 경청이란 무엇인지 다시 한 번 생각하게 되었고, 집에서는 물론이고 직장에서도 상대방의 말에 잘 집중하여 들으려고 노력하고 있다. 현기 덕분에 몰랐던 참된 경청의 의미를 알게 되니 마음이 뿌듯해진다. 성품교육을 시키는 부모로서 내가 좋은 성품의 태도를 갖지 않으면 안 되겠다는 생각을 해보았다.

더욱 놀란 것은 경청하는 자세로 대화를 나누니 아이를 존중함으로 대하게 되고 더불어 아이는 부모의 말에 순종한다는 놀라운 사실을 알게 되었다. 그저 아이에게 아빠 말 들으라고 강요하는 것이 아닌, 먼저 아이의 말부터 경청할 줄 아는 부모의 자세가 더욱 중요하다는 것과, 아이와 담을 쌓지 않고 관계를 유지하기 원한다면 부모의 경청하는 자세가 반드시 필요하다는 사실을 깨닫게 되었다.

"경청만 잘 해줘도 사랑이 싹튼다는 것을 알게 해준 현기야, 고맙다. 앞으로 다른 사람의 말에 잘 경청하는 리더가 되길 바란다. 현기야 사랑해."

07

아빠에게 인내를 가르쳐 줘서 고마워!

전북 전주 | 좋은나무성품학교 J그림나라유치원 | 황동우 어머니

여름휴가 때 있었던 일이다. 담양에서 아침 식사를 할 곳을 찾다가 차량이 많지 않은 곳이라 신호위반을 하고 말았다. 그 순간, 울리는 사이렌 소리! 교통순경에게 신호위반으로 걸리게 되었다. 면허증을 제시하고 경찰이 벌금 딱지를 떼기 위해 분주한 동안 옆자리에 있던 동우가 "아빠는 왜 빨간불인데 지나갔어요? 초록불이 되면 지나가야지! 나는 유치원에서 '인내'를 배웠는데 아빠는 그것도 몰라요?"라며 나를 나무랐다.

동우의 말을 듣고 있던 경찰관이 웃으며 "초행길인 것 같은데 이번엔 봐드릴 테니 다음부터는 주의하세요."라고 말하며 선처를 해 주는 것이 아닌가. 어린 동우의 말에 "아빠가 미안해. 잘못했어."라고 말하는 내가 안쓰러웠는지 혹은 똑부러지게 말하는 어린 아들이 대견해서 그랬는지 잘 모르겠지만, 한 가지 확실한건 우리 동우가 바른 생각과 바른 말을 할 줄 아는 멋진 아들로 자라고 있다는 사실이다.

그동안 좋은나무성품학교의 성품교육이 아직 어린 동우에게 어렵지 않을까 생각했었는데 동우가 어느새 이렇게 분별력 있는 성품리더로 자라고 있다고 생각하니 참 뿌듯하고 행복했다. 그날 가족들에게 염치없는 아빠의 모습이 되어 창피했지만 동우로 인해 얼마나 감동을 받고 기뻤는지 모른다.

"동우야, 아빠에게 기쁨을 선물해 줘서 고마워!"

08

인내의 땀방울이 아름답게 보여요

서울 서대문구 | 좋은나무성품학교 샛별어린이집 | 안 윤 어머니

어느 주말 오후였다. 자전거를 타러 나가자는 아이들의 성화에 못 이겨 우리 가족은 홍제천 한강 남지지구에 있는 자전거 공원으로 갔다. 시원한 강바람 속에 자전거 페달을 밟으며 순조로운 출발을 했다. 그러나 30분쯤이 지나자 땀이 하염없이 흘러내렸고 다리와 엉덩이가 아파오기 시작했다. 막내 윤이를 비롯해 형들도 힘들어했다. 여섯 살 막내 윤이에게 물었다.

"윤아, 힘들지? 그만 집으로 돌아갈까?"

"아니요, 자전거 공원까지 꼭 가고 싶어요. 인내 하면서 가볼래요."

그 말을 듣자 아이가 정말 대견스러웠고 힘들어도 포기하지 않으려는 윤이의 태도에 큰 감동을 받았다. 빠알간 사과처럼 물든 아이의 얼굴과 흠뻑 흘러내린 땀방울도 정말 아름답게 보였다. 누구의 도움 없이 스스로 목표에 다다른 윤이가 무척 대견했다. 돌아오는 길에 윤이가 한마디 했다.

"엄마, 저 완전 힘들었는데요, 인내했어요. 저 인내한 것 맞지요? 인내란 좋은 일이 이루어질 때까지 불평하지 않고 참고 기다리는 거예요." 라고 말하지 않는가?

나는 마음으로 놀라면서 "윤아, 땀도 많이 나고 힘들었을 텐데 힘들다고 포기하지 않고 끝까지 인내한 우리 윤이가 엄마는 정말 자랑스러워."라고 말해 주었다.

앞으로 미래를 살아갈 윤이가 어떤 어려운 환경이나 상황에서도 포기하지 않고 끝까지 인내하며 최선을 다하는 아름다운 사람이 될 것이라는 확신이 들었다. 오늘 윤이의 가슴에 인내의 씨앗이 심어졌다. 그 씨앗이 훗날 아름다운 열매로 맺혀지길 소망한다.

09

순종 성품의 기적!

경기 수원 | 좋은나무성품학교 새밀알유치원 | 김소연 어머니

소연이가 좋은나무성품학교 새밀알 유치원에 입학한 후 우리 가정은 천국으로 바뀌었다. 두 달간 배운 순종 성품 교육은 소연이를 비롯해 우리 가정이 성품 좋은 가정으로 변화되는 계기가 되었다.

소연이가 7살이 되면서 아빠 엄마의 지시에 순종하지 않고 "싫어! 안해!"등의 부정적인 말을 많이 쓰는 바람에 항상 아빠 엄마의 잔소리가 끊이질 않았다. 그러다 보니 우리 부부는 아이를 강압적으로 혼내고 상처도 주게 되어 맘이 상한 아이는 눈물이 그칠 날이 없었다.

드디어 3월, 성품교육이 시작되었고 두 달째인 4월이 되면서 소연이는 눈에 띄게 밝아지고 행복해하며 하루하루를 보내고 있다. 그 뿐만 아니라 소연이의 입에서는 "싫어! 안해!"가 아니라 "네, Yes, Ok, 그렇게 할게요."라는 순종의 말이 나오기 시작했다. 더불어 자신의 잘못을 인정하고 고집부리는 일이 줄어들었고, 자신의 생각을 설명하면서 "죄송합니다"라고 바로 사과도 한다. 덕분에 우리 부부도 화내며 잔소리하는 날이 줄었을 뿐만 아니라 아이를 이해하고 칭찬하는 태도로 바뀌게 되었다.

소연이는 순종을 배우면서 인내와 절제의 성품도 함께 자라고 있다.

어느 날 저녁 시간, 소연이가 밥을 먹다가 배가 불러서 그만 먹겠다고 했다. 하지만 "떠놓은 밥은 다 먹자"라는 말에 즉각 "네 엄마"라고 하는 것이었다. 나를 더 놀라게 한 것은 그 다음에 이어지는 소연이의 대답이었다. 잠시 뭔가를 생각하더니 "그런데 엄마, 엄마 말씀에 순종하려면 밥을 다 먹어야 하는데 제가 지금 배가 너무 불러요. 그래서 더 많이 먹으면 배가 아플 것 같아요. 그러니까 3숟가락 정도만 더 먹을게요. 그렇게 해도 될까요?"라고 말하는 것이 아닌가! 정말 놀랍다! 겨우 7살된 아이가 자신의 상황과 생각을 이렇게 논리적으로 설명하고 바른 태도로 말을 하다니. 너무나 뜻밖이고 똑부러지는 아이의 제안에 잠시 어리둥절했다. 정말 우리 소연이가 맞나 싶을 정도였다.

좋은나무성품학교에서 만든 순종의 법칙에는 "YES 법칙"이라는 것이 있다.

Y: Yes, 지시에 즉시 YES 하는 것.

E: Earnest, 그리고 한번 진지하게 생각해 보는 것.

S: Suggestion, 내 생각과 다를 때 예의 바른 태도로 제안하는 것.

이것이 바로 순종의 YES 법칙이다. YES 법칙의 효과는 정말 대단했다. 맨 처음 이것을 배울 때 어른이 들어도 생소한 'yes 법칙'을 '우리 소연이가 너무 어려서 이해를 못하는 것은 아닌가?' 의심을 하곤 했었다. 한편으로는 너무 순종만 해서 아이가 자신감이 떨어지거나 자신의 생각을 말하지 못하면 어떻게 하나 걱정을 많이 했다. 하지만 소연이는 자신의 생각을 예의 바르게 논리적으로 설명할 뿐만 아니라, 순종해야하는 순간에는 꼭 순종하는 소연이로 바뀐 것이다. 내가 우려한 것과는 달리 놀랍게도 yes 법칙을 활용하며 순종의 성품을 잘 실천하고 있었다. 역시 성품교육이다. 앞으로 10개월간 다른 성품도 배우게 될 것을 생각하면 소연이가 어떻게 변화될지 무척 기대가 된다. 우리 소연이가 좋은 성품으로 예쁘게 자랄 거라고 생각하니 마음이 설렌다.

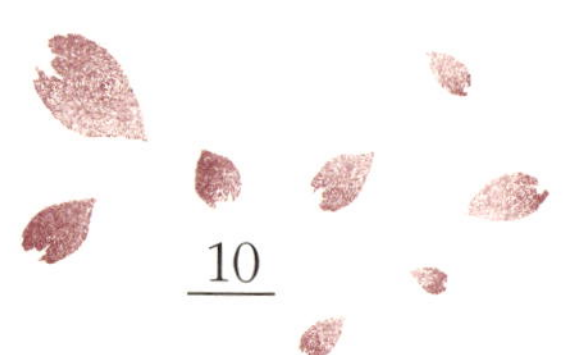

10

엄마, 저를 태어나게 해 주셔서 감사합니다

경기 수원 | 좋은나무성품학교 새밀알유치원 | 김아령 어머니

아령이가 좋은나무성품학교 새밀알유치원에 오기 전 소아암을 앓게 되었다. 어른도 참기 힘든 큰 고통을 어린 아령이는 힘들게 싸워내야만 했다. 그런 아령이를 볼 때마다 가슴이 무너져 내리는 듯 아팠지만, 아령이는 나에게 그 무엇과도 바꿀 수 없는 존재였기에 아령이의 존재 자체만으로도 감사하며 사랑해 주었고, 병과 잘 싸워 이길 수 있도록 매일 기도했다.

그런데 놀랍게도 엄마 아빠의 이런 간절함을 안 아령이는 소아암을 씩씩하게 잘 이겨내 주었다. 그리고 다른 또래 아이들과 함께 새밀알유치원에 입학하게 되었다.

아령이가 유치원을 다니면서 친구들을 사귀며 지낼 수 있다는 것만으로 우리 부부에게는 큰 행복이고 감사였다. 성품을 가르치는 기관이 있다는 소식을 듣고 이곳 새밀알유치원에 아이를 입학시켰지만 부끄러움이 많은 아이라서 잘 적응할 수 있을지 걱정을 많이 했다. 항상 아기라고만 생각해서 언제나 보호해 주고 하나부터 열까지 챙겨줘야 한다고, 또 그것이 부모의 역할이라고 생각해 왔지만,

놀랍게도 아이는 성품을 배우면서, 더 기뻐하고 감사할 줄 아는 어른스러운 아령이로 변해가고 있었다.

특히 이번 어머니 참여수업을 통해 아령이의 새로운 모습을 보게 되었다. 어머니 참여수업 도중에 생각지도 못한 얘기를 들었기 때문이다.

내 옆에 얌전히 앉아 있는 아령이가 갑자기 "엄마, 귀 좀 대봐"하더니 "엄마, 저를 태어나게 해 주셔서 감사합니다."라고 말하는 것이었다. 아이의 말이 끝나자마자 내 눈에는 눈물이 고였고 머릿속 또한 "멍"해졌다. 가슴 속에 아이의 예쁜 목소리가 메아리처럼 울려 퍼졌고 아이의 예쁜 미소가 가득해졌다. 그리고 너무나 행복했다. 별처럼 빛나는 예쁜 아이의 모습을 가슴 깊이 담으며 힘껏 안아주었다.

"엄마도 아령이가 옆에 있어줘서 고마워. 엄마 아빠는 너의 존재 자체만으로도 감사하단다. 귀한 우리 딸, 정말 사랑해."

힘든 시간을 넘겨온 아령이에게 항상 감사하다. 암이란 나쁜 균을 이겨내고 내 곁에서 힘이 되어주고 있는 나의 든든한 백그라운드! 우리 딸! 그런 딸에게 나는 오늘도 감사를 표현한다.

"아령아, 네가 엄마, 아빠의 딸이어서 고마워. 네가 엄마, 아빠의 기쁨이라는 것을 잊지마. 그리고 아령이는 앞으로도 많은 사람들에게 기쁨을 나눠주는 사랑스럽고 소중한 사람이 될 거란다. 사랑한다. 너무나 소중한 우리 딸 아령아."

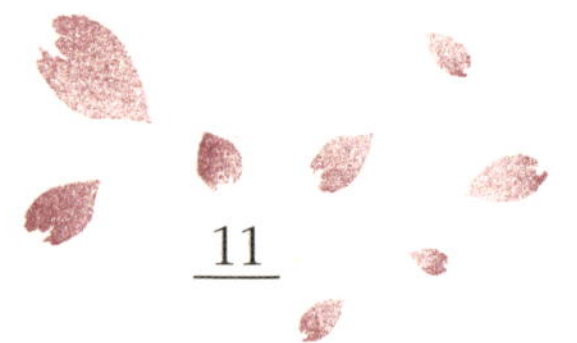

11

모르는 것은 다른 방법으로 생각해 보면 되는 거야

경기 수원 | 좋은나무성품학교 영통밀알유치원 | 하성연 어머니

성연이가 퍼즐놀이를 하고 있을 때였다. 오랜만에 퍼즐놀이를 해서 그런지 그날은 퍼즐 놀이를 어려워했다. 그런데 놀라운 것은 좋은나무성품학교 영통밀알유치원에서 창의성을 배우기 전의 성연이었다면 "엄마, 못하겠어요. 엄마가 해 주세요."라고 말했을 텐데, 그날은 열심히 고민하더니 "이건 모르는 게 아니고 다른 방법으로 생각해 보면 되는 거야."라고 말하는 것이었다. 순간 감동이 밀려오면서 '모든 생각과 행동을 새로운 방법으로 시도해 보는 것'이라는 좋은나무성품학교의 창의성 정의가 생각이 났다.

성품교육의 열매가 우리 성연이에게 나타나는 순간이었다. 말로만 듣던 성품교육의 변화를 성연이의 모습을 통해 볼 수 있었다. 역시 성품교육에 큰 감동을 받았다.

성연이가 유치원에서 배운 창의성 성품을 생활 속에서 적용해 보는 모습을 보면 얼마나 뿌듯한지 모른다. 앞으로 12가지 주제성품을 통해 좋은 성품을 가진 어린이로 자라리라는 벅찬 기대를 가져본다.

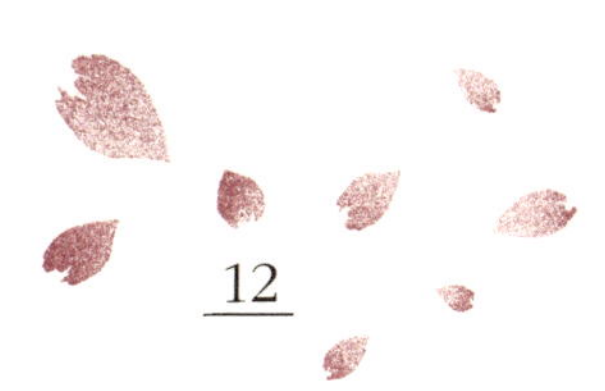

12

양보하는 것이 배려랍니다

충남 논산 | 좋은나무성품학교 논산유치원 | 강지훈 어머니

작년 3월 처음으로 지훈이를 유치원에 보내게 되었다. 그것도 성품을 가르친다는 좋은나무성품학교 논산유치원으로 말이다.

성품교육은 나에겐 생소한 교육이다. 아이를 유치원에 보내놓고 초반에는 기대 반 걱정 반이었다. 하지만 시간이 흐를수록 나의 걱정은 기쁨과 감사로 변했고 성품교육은 아이에게 반드시 시켜야 할 교육이라는 확신과 믿음이 생겼다.

인성교육이 중요하다는 것은 알았지만 인성교육이 끼치는 영향이나 변화된 사례를 들어본 적이 거의 없던 터라 걱정했다. 하지만 아이의 변화된 성품을 보니 '왜 지금까지 이런 교육이 없었을까?'하는 생각이 들었다.

지훈이는 밥먹기 전부터 성품 정의노래를 정말 기쁘고 재미있게 부르곤 한다. 거기에 맞춰 엄마, 아빠도 함께 따라 부르면 어느새 식탁은 웃음꽃으로 가득하다.

어느 날 저녁이었다. 그날도 어김없이 지훈이는 성품 노래를 부르고 있었다.

"어떠한 상황에서도~ ♬ 가장 희망적인 ♬~ 생각~ 마알~ 행동을 ~ 선택하는 마음가짐~♩"

듣고 있으니 가사가 생소해서 어떤 노래인지 물었다. 그런데 질문이 끝나기도 전에 지훈이가 자기 방으로 뛰어가서 책을 하나 가지고 왔다.

"엄마, 지금 내가 부른 노래 악보예요. 이 노래는 긍정적인 태도 노래인데, 엄마가 피아노로 쳐 주세요. 그러면 내가 율동이랑 알려 줄게요."

지훈이는 피아노 반주에 맞춰 열심히 노래를 불렀다. 지훈이가 율동에 맞춰 신나게 춤도 추고 노래까지 부르는 모습이 정말 귀엽고 사랑스러웠다.

또 한 번은 이런 일도 있었다. 작년 가을 에버랜드로 나들이를 가던 중이었다. 빨리 가서 놀고 싶은 마음은 가득했지만 마음과는 달리 고속도로는 연휴로 인해 차가 꽉 막혀 더디게 움직이고 있었다. 더불어 병목현상까지 있어서 차들은 엉키고 누구 하나 양보 하려고 하지 않았다. 나는 점점 불평과 불만이 쌓여 투덜대기 시작했다. 그런데 그 순간 지훈이의 일격이 가해졌다.

"엄마, 이럴 땐 긍정적인 태도를 가져야 해요. 그리고 양보해 줘야 해요. 그게 배려하는 거예요. 배려란, 나와 다른 사람 그리고 환경에 대하여 사랑과 관심을 갖고 잘 관찰하여 보살펴 주는 것이에요." 지훈이의 말은 계속 이어졌다.

"그리고 긍정적인 태도 노래를 불러 봐요. 그러면 기분이 좋아질 거예요."

아이의 말을 듣는 순간 나는 쥐구멍이라도 숨고 싶었다. '다섯 살 어린 아이도 저런 생각을 할 줄 아는데 부모인 나는 왜 저런 생각을 하지 못할까?'정말 부끄럽고 아이에게 미안한 마음이 가득했다. 잠깐의 침묵이 흐른 뒤 아이 아빠가 입을 열었다.

"지훈이한테 배워야 겠네."

불평을 통해 얻어지는 것은 없다는 것을 잘 안다. 하지만 그것이 고쳐지기란 쉽지가 않다. 그러나 나는 오늘도 지훈이를 보면서 반성하고 조금씩 변해가고 있다. 더불어 지훈이는 오늘도 모든 일에 감사하고 남을 먼저 배려하고 기다릴 줄 아는 성품 좋은 아이로 자라고 있다.

나 역시 그랬지만 대부분의 부모들은 성품교육에 대해 관심이 없거나 잘 모른다. 나도 좋은나무성품학교 논산유치원에 지훈이를 보내기 전까지는 '이런 곳이 있었나?'라고 생각했으니 말이다. 하지만 지금이라도 성품교육을 알게 되고 이런 교육을 실천하는 훌륭한 곳이 있다는 것에 오늘도 감사한다.

지훈이와 우리 가족을 변화시켜 주신 원장님과 선생님들, 그리고 좋은나무성품학교 이영숙 박사님과 모든 선생님들께 정말 감사드리고 사랑한다는 말을 이 자리를 통해 전하고 싶다. 좋은나무성품학교와 성품교육이 영원하길 소망한다.

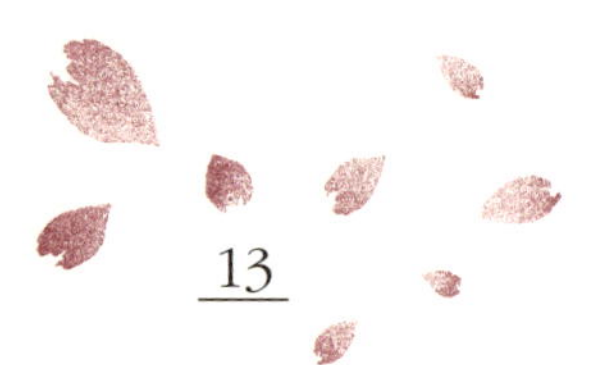

13

18개월 지연이도 성품을 배워요

서울 잠실 | 좋은나무성품놀이학교 밀알유치원 캐비스쿨 | 윤지연 어머니

부모가 되기로 결심한 후 '좋은 부모가 되기 위해 어떤 노력이 필요할까?'에 대해 늘 생각해왔다. 결론은 딸 지연이가 공부를 잘하는 아이보다는 인성이 바른 아이가 될 수 있도록 교육시키고 우리부터 성품 좋은 부모가 되어야겠다는 것이었다. 지연이가 앞으로 좋은 성품을 소유하고 바른 생각, 바른 표현을 할 수 있도록 도와 줄 인성교육의 절실함을 느꼈다.

그런데 마침 18개월에서 36개월 대상으로 성품을 가르치는 교육기관이 있다는 말을 듣게 되었다. 성품을 가르친다는 것이 믿기 어려웠지만, 그래도 그곳을 찾아가보기로 했다. 찾아간 그곳, 바로 좋은나무성품학교 밀알유치원에서 '캐비스쿨'을 만나게 되었다. 18개월이라 너무 이르지 않을까 의심도 했지만 한편으로는 일찍 시작하는 것이 엄마나 아이에게 좋을 거라는 생각이 들었다.

좋은나무성품학교 밀알유치원의 캐비스쿨 선택은 참으로 만족스러웠다. 지금도 첫 수업 Building bridges 인 관계맺기 시간을 잊을 수 없다. 육아에 지쳐 힘든 존재로만 생각했던 딸아이를 꼭 안아주고 축복의 메시지를 전해주는데 어찌나 눈물이 나고 감사했는지 모른다. 아이의 머리부터 발끝까지 하나하나가 모두 감사했다.

"너는 정말 소중하고 귀한 존재란다"라고 말해주지 못하고 자존감을 깨우쳐주지 못해서 많이 미안했다. 아이를 키우면서 우리 부부가 우선적으로 생각한 것은 아이에게 '자존감'을 키워주는 것이었다. 그런데 자존감은 스스로 만들어내기 보다는 부모의 노력, 주변의 환경에 따라 심어진다는 것을 성품교육을 통해 알게 되었다.

지난 2개월 동안 캐비스쿨의 '기쁨' 수업을 통해 우리 가정이 삶에서 실천하고 있는 것은, 지연이에게 '네가 얼마나 소중한 존재'인지를 자주 인지시켜주는 것이다. 그 뿐 만 아니다. 아이의 삶에 좋은 성품이 습관화 될 수 있도록 성품교육을 통해 배운 것들을 하나도 놓치지 않고 잘 활용하고 있다. 아이와 함께 노래도 부르고, 긍정적인 말을 많이 해주고, 좋은 이야기를 들려주고, 스킨십을 위해 마사지도 해주고, 다양한 놀이와 체험 등 아이와 함께 많은 시간을 보내고 있다.

성품교육은 우리 부부에게 아이를 어떻게 키워야 하는지 많은 도움을 줄 뿐만 아니라 나와 남편의 성품까지 변화시키는 놀라운 힘이 있다. 우리 딸 지연이도 성품교육을 통해 어떤 성품이 쌓일지 무척 기대가 된다. 좋은 성품을 놓치지 않도록 집에서도 성품교육을 꾸준히 가르쳐야겠다는 다짐을 해본다.

아이의 성품이 잠깐의 교육만으로 만들어지지 않는다는 것을 안다. 성품교육의 결과가 당장 눈으로 확인되지는 않지만 이제 첫발을 시작했고 딸아이와 함께 노력한다면 좋은 성품이 어느 순간 발휘될 때가 올 것이라 믿는다.

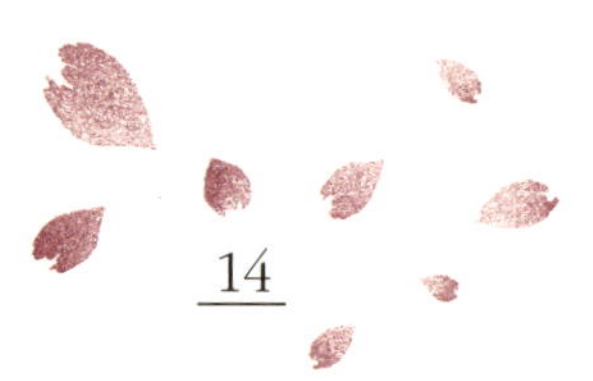

14

이혼했던 가정이 성품으로 화합했어요

제주 제주시 | 좋은나무성품학교 영락어린이집 | 박서연 어머니

나는 4년 전에 이혼을 하고 주말마다 아이들을 보러 오거나 데려가서 지낸다. 서연이가 좋은나무성품학교 영락어린이집에 다니게 된 것은 3년 전 4살 때였다. 처음 성품을 접한 서연이가 긍정적인 태도의 정의를 외우는 것을 보고 대견하다고 생각하면서 내 성품도 다시금 돌아보게 되었다. 그 뿐만이 아니다.

'파파스쿨'에 참석하던 남편은 부모성품교육에 빠지지 않고 부지런히 참석했고, 아이들에게 최고의 아빠가 되기 위해 노력하는 모습을 보여줬다.

그러던 어느 날, 애들 아빠가 "부부가 함께하는 파파스쿨"에 참석할 수 있는지 물었다. 나는 아무 생각 없이 동의했는데, 뜻밖에 나에게 너무도 귀한 시간이 되었다. 다른 부부들 같지는 않았지만 아이의 엄마, 아빠로 참석하면서 부모의 자리로 다시 설 수 있었다.

특히 조금씩 변화하려고 노력하는 애들 아빠를 보며 다시 합쳐야겠다는 생각이 들었다. 쉽지 않은 결정이었지만, 우리는 올해 3월에 다시 제자리로 돌아왔다. 그리고 잃었다가 다시 얻은 가정이라 그

누구보다도 가족의 소중함을 잘 알게 되었다.

힘든 시간을 보내면서도 밝고 명랑하게 자라준 혜원, 서연이가 너무도 고맙고 사랑스럽다. 작은 일에 감사하며 매일 유쾌한 웃음소리가 담장을 넘는 우리 집은 지금 너무나 행복하다.

성품교육은 상처로 헤어졌던 우리 가정을 치유와 회복을 통해 다시 하나되게 하였다. 만약 성품교육을 받지 않았다면 우리 가정은 계속해서 아픔을 갖고 지낼 수밖에 없었을 것이다. 성품교육을 통해 치유되고 회복될 수 있어서 얼마나 감사한지 모르겠다.

앞으로 우리 아이들이 성품교육을 통해 더욱 건강하게 자라주었으면 좋겠다.

교사를 통한 성품의 향기

성품은 위기를 긍정으로 바꿀 수 있는 능력을 말합니다. 그래서 우리 아이들에게 다른 무엇보다도, 더 좋은 가치로 나의 생각과 감정과 행동을 선택할 수 있는 능력을 가르쳐 주어야 합니다. 이것이 바로 성품교육입니다. 성품을 가르치고 훈련하는 일, 다음세대를 행복한 성공으로 세우는 교사의 거룩한 사명입니다.

_『이영숙 박사의 행복을 만드는 성품 | 이영숙 지음 (2010)』 본문 中

세상을 희망으로 바꾸는 긍정의 리더십

긍정적인 태도란 '어떠한 상황에서도 가장 희망적인 생각, 말, 행동을 선택하는 마음가짐'(좋은나무성품학교 정의)입니다. 리더십의 선택은 공동체에 영향력을 줍니다. 어떤 생각과 말과 행동을 선택하느냐에 따라 공동체의 명암이 극명하게 엇갈립니다. 긍정의 리더십을 소유한 리더는 구성원들에게 더 큰 긍정을 낳게 하지만, 부정적인 리더십을 소유한 리더는 공동체를 분열시키고 불안감을 전염시킵니다.

미국의 심리학자이자 철학자인 윌리엄 제임스(William James, 1842~1910)는 우리 세대가 이루어낸 가장 위대한 발견 가운데 하나가 "인간이 생각과 태도를 바꿈으로써 인생을 변화시킬 수 있다는 것"을 깨달은 것이라고 말했습니다. 동일하게 어려운 상황이라도 생각과 태도를 긍정적인 성품으로 바꾸면 인생이 달라지게 됩니다.

그 분명한 예를 보여준 사람이 오스트리아의 정신과 의사이자 심리학자인 빅터 프랭클(Victor Frankl, 1905~97)입니다. 그는 인간의 극한을 넘나드는 위기 속에서 하루하루를 보냈습니다. 제2차 세계대전 당시 독일의 나치수용소에서 죽음의 공포와 가혹한 학대를 경험하면서도 그는 희망의 끈을 놓지 않았습니다. 어떤 이는 희망을 포기하고, 누군가는 겁에 질려 동물처럼 삶을 연명했지만, 그는 날마다 유리조각으로 자신의 수염을 깎으며 인간으로서 존엄성을 잃지 않기 위해 매순간 삶의 의지를 다졌습니다. 언제 죽을지도 모르고 도저히 인간으로서 살아갈 수 없는 두렵고 지독한 환경에서도 빅터 프랭클은 결코 낙담하거나 절망하는 말을 입에 담지 않았습니다. 그는 제2차 세계대전이 끝난 후 수용소에서의 삶을 회고하며 남긴 저서에서 다음과 같은 고백을 했습니다.

"우리가 처한 환경을 바꿀 수 없다면 스스로 우리 자신을 바꾸는 것이 과제이다."

궁정적인 성품을 소유한 사람은 상황을 뛰어넘는 행복한 성공과 기쁨을 경험하게 됩니다. 좋은 생각, 좋은 감정, 좋은 행동을 선택하는 마음가짐을 통해 어떤 상황에 있든지 그 속에서 감사한 것들을 찾아내고 희망을 포기하지 않는 것이지요. 이러한 긍정의 리더십을 소유한 사람들이 이 세상을 바꾸는 촉매자 역할을 감당합니다. 많은 어려움 속에서 실패를 하더라도 긍정적인 생각과 마음으로 좌절하지 않고 새롭게 도전함으로써 성공을 이룰 수 있습니다.

펜실베이니아대학교 심리학과 교수인 마틴 그먼 박사의 연구에 의하면, 우울증에 걸린 사람들은 "내가 잘못했어." "나는 안 될 거야"와 같은 부정적인 언어를 습관적으로 사용한다고 합니다. 그는 또 인생에서 능력이나 재능보다 더 중요한 변수가 긍정적인 언어라며 긍정적인 태도의 성품을 강조했습니다.

요즘 우리 아이들에게서 조금만 어려워도 쉽게 포기하고 좌절하는 부정적인 모습을 자주 봅니다. 이것은 어른들이 지식을 쌓는 것에만 혈안이 되어 성품에 대해 가르치지 않았기 때문입니다. 이제 긍정적인 성품의 위력을 다음 세대의 주인공인 자녀들에게 가르쳐 주어야 합니다. 어떤 상황과 마주하더라도 그 속에서 희망을 찾아 생각하고 말하는 행동이 고난의 삶을 승리하도록 도와준다는 것을 생활 속에서 깨우쳐 주어야 하지요.

부정적인 생각은 작게 표현하고, 긍정적인 생각은 크게 표현하는 연습을 해봅시다. 어렵고 힘든 부정적인 상황에 직면했을 때, 좋은나무성품학교의 'STOP! THINK! CHOOSE!' 긍정의 법칙을 기억하세요. 'STOP!' 행동하기 전에 잠깐 모든 것을 멈추는 것입니다. 'THINK!' 여러 가지 방법과 행동을 생각해 봅니다. 마지막으로 'CHOOSE' 가장 긍정적인 리더십을 발휘하세요. 긍정의 리더십이 세상을 희망으로 바꿉니다.

01

학교 문화를 바꾸는 성품교육

안양 신성중학교 | 교장 김영길

2012년 교육은 '기본을 바로 세우는 교육'을 하는 것입니다. (사) 한국성품협회 좋은나무성품학교와 협약을 맺고 전교생에게 성품교육을 시작하게 된 이유이기도 합니다.

신성중학교의 청소년의 문제는 '인성'의 문제입니다. 지난해 우리 학교 역시 학교 폭력이 많이 나타난 학교 중 하나입니다. 올해 그 심각성을 깨닫게 되었지요. 그래서 기본이 바로 선 교육을 시작해야겠다고 생각하게 되어 성품교육을 시작하게 된 것입니다. 처음에는 성품교육이 무엇인지 몰랐던 학부모들이 지금은 성품교육을 계속 해주면 좋겠다고 의견을 모아 주고 계십니다. 한 학기 동안 배운 '기쁨'의 성품교육으로 가정에서 변화된 자녀들을 보게 된 것 이지요. 이제는 학부형들도 성품교육의 중요성을 깨닫게 된 것입니다. 그래서 올 하반기에도 성품교육을 계속 이어서 진행할 예정입니다. 이젠 학생뿐만 아니라 학부모들도 성품교육을 진행해야 한다고 생각되어 하반기엔 부모교육도 함께 진행할 예정입니다. 아마 2학기 때에는 예년에 비해서 사고도 없고 선생님과 아이들의 관계가 회복될 것이라고 기대가 됩니다.

사실 성품교육을 좋아하지 않는 선생님도 더러 몇 분 계셨지만 지금은 모두가 성품교육에 대해 생각을 바꾸셨습니다. 학생들의 학교생활에 있어서 갈등과 위기는 항상 있어왔지만 이것을 바로 잡아주는 교육은 지금까지 없었습니다. 이제 그 문제를 바로 보게 되었고, 성품 좋은 리더를 키우는 것에 큰 도움이 될 것이라고 생각됩니다.

좋은나무성품학교의 한국형 12 성품교육 중에 우리 학교는 현재 '기쁨', '배려' 두 가지 성품을 배우고 있습니다. 앞으로 시간과 지원이 뒷받침 된다면 한국형 12성품 교육을 모두 배우고 싶습니다. 성품교육을 배운 우리 학교 아이들이 자라나서 세상을 바꾸는 성품의 인재가 될 것을 기대하면서 말입니다.

02

성품교육 덕분에 아이들이 더 밝아졌어요

안양 신성중학교와 남양주 와부중학교는 한 학기동안 '기쁨'을 주제로 〈틴틴스쿨〉을 교재로 삼아 성품교육을 진행했다. 한 학기를 지낸 뒤 선생님들의 이야기를 들어보았다.

〈안양 신성중학교〉

◆ 교육연구부장 정명희 교사

좋은 성품이란 자신을 사랑하고, 모든 일에 열심을 다하고, 다른 사람을 배려하는 것이라고 생각합니다. 교실에서 가장 행복했던 순간은 학생들이 꿈을 찾고 키워나가는 모습을 볼 때입니다. 반면에 친구를 배려하지 않고 실수를 거짓말로 회피하거나 무례한 행동을 할 때가 가장 괴롭습니다. 그래서 성품교육을 통해 학생들이 더 좋은 성품으로 성공하기를 바랍니다. 다행스럽게도 아이들은 지금 받고 있는 성품교육을 무척 좋아할 뿐만 아니라 표정도 한층 더 밝아졌습니다.

◆ 국어과 배민영 교사

좋은 성품이란 남들을 배려하는 말과 행동이라고 생각해요. 아이들이 저를 통해 변화되는 순간, 눈빛이 변하는 순간을 볼 때가 있는데 그때가 가장 행복해요. 반대로 아이들과 잘 지내려고 하다보니 존경보다는 친밀감이 형성되고 선생님에 대한 예의가 없을 때가 있어요. 이런 것들을 성품교육을 통해서 아이들이 하나씩 배워 가면 좋겠다는 생각을 해보게 되었습니다. 아이들에게 또는 친구에게 나는 어떤 사람이 되어야 하는지 이번 성품교육을 통해 알게 되었어요.

◆ 음악과 주승진 교사

제가 생각하는 성품이란 내면의 순수한 모습을 잃지 않는 것이라고 생각합니다. 그래서 저는 아이들과 교감이 될 때 행복하고 반대로 아이들이 저를 비롯해 다른 친구들과 소통이 안 돼서 서로 상처주고 싸우는 모습을 볼 때 가장 안타깝습니다. 앞으로 성품교육을 통해서 치열한 경쟁과 성적을 추구하는 것이 아닌 순수한 성품을 잃지 않고 더 많이 웃고 살 수 있었으면 좋겠습니다. 한편으로 이번 성품교육을 통해서 아이들이 한결 더 밝아졌음을 볼 수 있어 좋았습니다.

〈남양주 와부중학교〉

◆ 국어과 김진숙 교사

처음 틴틴스쿨 교재를 받아보고 걱정이 되었습니다. 내용은 무척 좋지만 교재 속 '해피타임'과 같은 프로그램을 '중학생 친구들이 잘 따라할 수 있을까?'라는 생각이 들었기 때문입니다. 처음 하는 성품 교육이라 많이 걱정 되었지요. 하지만 뜻밖에도 아이들이 선생님들과 잘 맞춰서 프로그램에 참여했고, 조금씩 밝아지고 '해피타임' 시간에 배운 기쁨의 태도들을 실천하는 모습도 보게 되었어요. 그 모습을 보며, '틴틴스쿨 괜찮다' '역시 성품교육이구나'라는 생각을 하게 되었습니다. 틴틴스쿨 교재는 전문적인 내용이어서 확실히 좋았습니다.

03

가정과 학교와 나라를 살리는 교육, 성품교육

하남고등학교 | 이재석 교사

성품 직무연수를 받게 된 것은 우연이 아닙니다. 이렇게 귀한 연수를 받게 된 것이 얼마나 감사한지 모르겠습니다. 저는 과학 교사입니다. 이번 연수기간에 사실은 과학 직무연수를 받기로 했었는데, 이상하게도 연수 중 하나는 연수자로 선정이 안 되었고, 나머지 하나는 폐강이 되고 말았습니다. 그래서 성품 직무연수를 듣게 되었는데, 성품 직무연수를 받게 된 것이 얼마나 다행인지 모르겠습니다.

사실 직무연수를 받기 전, 저는 아들과 사이가 좋지 못했습니다. 저는 집중력이 약한 아들에게 항상 호통을 치며 가르쳤고 그것이 진정한 사랑이라고 생각했습니다. 그런데 직무연수 이틀째 날이었습니다. '기쁨'에 대해 강의를 듣던 중, 닉 부이치치 동영상을 보면서 부모가 아이에게 자존감을 불어 넣어주는 것이 매우 중요하다는 것을 알게 되었고, 아들에 대한 나의 사랑의 표현 방법이 잘못 되었음을 알게 되었습니다.

그날 저녁, 집으로 들어가 저는 곧바로 아들에게 '자존감'을 높여주기 위해 작전에 돌입했습니다. 기쁨의 성품 정의처럼 어려운 상황이나 형편 속에서도 불평하지 않고 즐거운 마음을 유지하며, 아들에게 기쁨의 성품을 보여주고 싶었습니다. 그래서 생각해 낸 것이 아들과 함께 스키를 타는 것이었습니다.

저는 다음날 바로 아들과 함께 스키장을 찾아갔고 스키타는 요령을 하나하나 가르쳐 주기 시작했습니다. 그러나 집중력이 약한 아들은 스키 탈 때도 딴 곳을 쳐다보다가 넘어지기 일쑤였고, 저는 예전의 습관이 다시 나와 아이에게 호통을 치며 다그치고 무섭게 가르쳤습니다. 그러나 다시 정신을 차리고 인내하는 마음으로 아이에게 넘어질 때마다 "잘 할 수 있어" "그래, 아주 잘 하고 있어" "조금만 더 힘을 내!"라고 응원해 주고 격려해 주었습니다. 그런데 놀랍게도, 아이는 스키를 타다가 넘어져도 스스로 일어나기를 두려워하지 않기 시작했습니다. 그리고 스키 타는 것에 조금씩 집중하는 모습도 보여주었습니다.

그날 하루 아이의 놀라운 모습을 지켜보면서 '아이의 자존감을 높여주기 위해 나부터 성품을 바꿔야겠다.'는 생각을 했습니다.

집에 돌아와서도 아이에게 계속해서 긍정적이고 희망적인 말을 들려 주었습니다. 그런데 정말 놀랍게도 이 며칠 사이, 아이에게 조금씩 변화가 생기기 시작했습니다. 아이가 나를 좋아하고 따르는 것이었습니다. 얼마 전에는 엄마와 양념치킨을 먹던 아들이 "가장 맛있는 부분은 아빠 줘야해"하며, 자신이 제일 좋아하는 부위를 나를 위해 남겨놓았다는 것입니다.

아들이 마음을 열고 또 아들과의 관계가 회복되어감에 따라 제 마음은 날마다 기쁨으로 행복한 하루하루를 보내고 있습니다.

성품교육! 그것은 가정을 살리고 교육을 살리고 나라를 살리는 행복한 교육입니다.

04

'내 마음 표현하기'로 딸과 통하다

선학중학교 | 정명옥 교사

저는 항상 딸을 사랑하면서도 내 마음을 잘 표현하지 못했습니다. 학교에서 학생들에게는 너그러운 엄마 같은 선생님이었지만 집에서는 외동딸에게 엄한 엄마였습니다.

그런데, 이번 성품직무연수를 통해 문제는 나 자신에게 있다는 것을 깨닫고, 좋은나무성품학교에서 배운 대로 내 마음 표현하기부터 실천하기로 했습니다. 저는 용기를 내어 아이에게 문자를 보냈습니다.

"슬기야! 엄마는 너를 사랑한단다. 엄마가 짜증내서 미안해. 밥은 먹었니?"

그런데 집에 돌아가 보니 놀랍게도 딸은 어느새 맛있는 감자, 고구마, 순 호박을 준비해 놓으며 "내일은 엄마를 위해 김밥 만들어 줄게."라고 말하는 것이었습니다. 그리고 이어 하는 말, "엄마! 갑자기 변하면 무서워! 그렇지만 엄마가 이번 연수를 잘 받은 것 같아!" 라고 나를 위로해 주었습니다.

딸의 약속대로 다음날 아침, 맛있는 참치김밥, 치즈김밥이 나를 반겼습니다. 좋은 성품은 내가 속한 세상을 근원적으로 행복하게 하는 힘이 있습니다.

05

오늘 내가 가르친 성품교육, 아이들의 삶의 양식이 되길 소망해요

배영초등학교 | 어린이성품전문지도사 | 우숙영 강사

처음으로 하는 성품교육을 앞두고 내 자신에게 '기쁨의 성품 수업을 아이들에게 어떻게 가르칠 것인가?'라고 질문한 뒤 하나씩 준비하기 시작했다. 우선 3주 전부터 기쁨의 정의인 '어려운 상황이나 형편 속에서도 불평하지 않고 즐거운 마음을 유지하는 태도'(좋은나무성품학교 정의)를 마음에 깊이 새기는 일부터 시작했다. 내가 먼저 기쁨을 알아야 아이들에게도 기쁨을 가르쳐줄 수 있기 때문이다. 역시나 나에게 가장 취약한 성품인 '기쁨'을 정의대로 실천하고 생활한다는 것은 많은 노력이 필요했다. 그러나 이러한 노력은 나에게 유익이 되었다. 그 이유는 성품교육을 하면서 아이들을 잘 이해할 수 있는 토대가 되었기 때문이다.

수업이 4주 정도 진행되면서 나는 아이들 개개인의 주요 감정패턴을 파악하게 되었고, 아이들의 힘든 상황을 성품수업을 통해 공감할 수 있게 되었다. 성품수업시간이 기쁨을 갖지 못하게 하는 어려운 상황들을 솔직하게 표현하고 친구들끼리 서로 공감하고 위로하며 '기쁨을 되찾는' 수업 시간이 된 것이다.

성품수업이 있는 어느 날이었다. 항상 불만에 차 있는 한 아이의 표정이 무척 힘들어 보였다. 그 친구는 '나의 감정 표현해 보기'시간을 통해 자신보다 무엇이든 잘하는 언니와 차별대우 받고 있는 상처를 친구들 앞에서 솔직하게 표현했다. 아이의 솔직한 감정은 다른 친구들에게 공감을 불러일으켰고, 그때 친구들 사이에서는 서로 격려하며 진심으로 위로해 주는 따뜻한 시간으로 흘러갔다. 상처가 가득했던 아이는 그동안 자기편은 하나도 없다고 생각해왔지만 이제는 자신을 진심으로 위로해 주고 공감해주는 친구들과 선생님이 계셔서 행복하다며 어느새 기쁨을 찾아가기 시작했다.

수업이 끝나고 한 아이씩 안아줄 때마다 나는 기도한다. 오늘 배운 성품이 앞으로 아이들의 삶에 기쁨을 유지하는 양식이 되게 하고 세상에서 가장 행복한 하루하루를 선택하며 만들어 나가는 튼튼한 성품을 가진 사람이 되게 해달라고 말이다.

첫 수업시간 "기쁘지 않을 땐 어떻게 기뻐해요?"라고 질문한 녀석들이 지금은 "힘들 때 기쁨 정의노래를 부르며 노력해요!"라고 말한다. 사랑스런 우리 장난꾸러기들, 성품으로 변화되는 아이들의 풍성한 미래를 소망한다.

06

아이들이 기쁨을 회복했어요

도덕초등학교 | 어린이성품전문지도사 | 차예슬이 강사

우리나라 초등학생의 행복지수가 OECD 국가 중 4년째 꼴찌라는 기사를 접하면서 나는 큰 충격을 받았다. 덕분에 나에게는 아이들이 행복하고 즐겁게 공부하며 지낼 수 있도록 도와주고 싶다는 새로운 교육 목표가 생겼다.

이런 심정으로 지난 봄, 지금의 우리 반 친구들을 만났고, 아이들과 함께 성품교육을 시작하게 되었다.

기쁨을 주제로 한 수업 첫 날 자신의 장점을 하나하나 찾아가며 내가 얼마나 소중한 존재인지 생각하고 나누는 시간을 가졌다. 나는 이 첫 수업이 아이들이 진정한 기쁨을 찾을 수 있는 첫 걸음이 되길 꿈꿨다.

처음엔 자신의 장점을 발견하지 못해 힘들어 하던 아이들이 하루 이틀 기쁨의 성품을 배우면서 자신이 존재 자체만으로도 소중하다는 사실을 깨닫게 되었다.

"기쁨의 친구야 안녕." "기쁨의 어린이들 안녕하세요." "기쁨의 선생님 안녕하세요."

예전에 찾아볼 수 없었던 기쁨의 인사를 나누는 것은 물론이고, 서로 경쟁이 아닌 칭찬과 격려하는 모습이 아이들 사이에서 점점 나타나기 시작했다. 그 뿐만이 아니다.

"나의 짝꿍이 되어줘서 기뻐." "선생님이 계셔서 나의 꿈을 이룰 수 있을 것 같아요"라며 형식적인 인사가 아닌 진심으로 감사할 줄 아는 친구들이 된 것이다. 예전에는 볼 수 없었던 모습들이다. 성품교육을 도입한 후, 이곳 도덕초등학교는 기쁨이 가득하고 따뜻한 학교로 변하고 있었다.

아직까지 기쁨을 누리지 못하고 어릴 때부터 친구를 경쟁자로 여기며 지내는 아이들이 곳곳에 있지만, 앞으로 성품교육을 통해 기쁨을 누리며 서로의 존재 자체만으로도 기뻐할 줄 알고 행복한 삶을 사는 아이들이 되었으면 좋겠다.

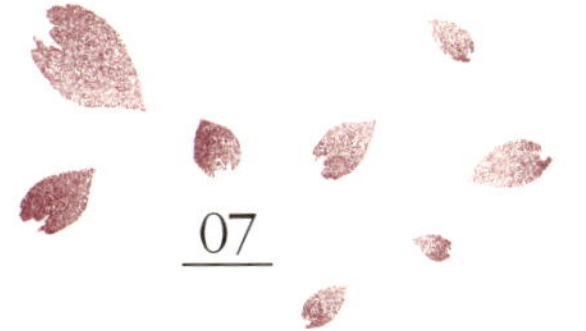

07

성품을 배운 아이들은 확실히 달라요

서울 용산 | 좋은나무성품학교 충신유치원 | 이지현 교사

만4세 때 좋은나무성품학교 충신유치원에 다닌 세빈이는 5세가 되어 영어학원을 다니게 됐다. 하지만 얼마 후 세빈이는 영어 학원에 적응하지 못하고 두 달 만에 다시 충신유치원으로 돌아왔다. 다행히도 세빈이는 유치원 생활에 잘 적응하며 좋은 성품의 아이로 자라고 있었다.

그러던 어느 날이었다. 세빈이 어머님으로부터 한 이야기를 듣게 되었다.

어제 저녁 집에 돌아온 세빈이가 이런 말을 했다고 한다.

"엄마, 영어 학원이랑 성품학교랑 좀 다른게 있어요."

"다른 것? 세빈이가 영어 학원과 성품학교가 다르다고 생각한 게 뭘까?"

"응. 영어 학원 선생님들은 친구들에게 항상 친절하고 하나도 안 무섭게 말씀하셔. 그런데 이상해. 선생님들은 친절하신데 친구들은 친절하지 않아. 그리고 친구들이 선생님과의 약속도 잘 안 지키고,

자기 마음대로 행동해. 질서도 안 지켜. 그런데 성품학교 선생님들은 친구들에게 친절할 때도 있고 무섭게 말씀하실 때도 있어. 그래서 성품학교 친구들은 약속도 스스로 잘 지키고 책임감의 어린이처럼 내가 해야 할 일들이 무엇인지 알고 끝까지 잘 맡아서 지켜. 질서도 잘 지키고 배려도 잘해."

세빈이 어머님은 그날 저녁 세빈이의 이야기를 듣고, 아이들에게 바른 훈육이 무엇인지 깨닫게 되었다고 하셨다. 덕분에 성품교육의 중요성과, 가장 먼저 아이들에게 무엇을 가르쳐야 하는지도 깨닫게 되었다며, 성품교육에 대한 신뢰와 확신을 갖게 되어 반드시 해야 하는 교육임을 알게 되었다고 하셨다.

세빈이의 이야기를 통해 더불어 성품을 가르치는 교사로서 나의 모습을 돌아보았다. 아이들에게 일관된 모습과 상황에 따라 엄하게 또는 부드럽게 아이들을 가르쳐야겠다는 생각을 다시 한 번 깊이 해보게 된다. 무조건 친절한 교육이 아닌, 지혜로운 훈계와 훈계하기 전 좋은 성품의 모델이 되어야 한다는 것.

교사가 인지하지 못한 상황에서도 아이들은 어른들의 성품을 보고 따라한다는 생각을 하니 정신이 번쩍 든다. 아이들의 성품, 이것이 어른들의 열매이며 성품교육의 증거라는 생각이 들었다. 앞으로도 성품을 가르치는 교사로서 아이들에게 옳고 그름을 잘 알려주고 좋은 성품으로 본을 보이는 교사가 되어야겠다.

08

성품교육을 사랑해요

경기 광주 | 좋은나무성품학교 밀알어린이집 | 조상옥 교사

나는 성품교사로 일한지 얼마 안 된 초보 성품교사이다. 처음부터 성품교육이라는 것이 너무나 매력적으로 다가와서 이 일을 시작하게 되었고, 지금은 아이들과 함께 하는 시간을 보낸지 1년 3개월에 접어든다.

비록 짧은 시간이지만 아이들의 마음을 만져주고 성품을 심어주는 일을 통해 잘못된 성품을 발견하고 '왜 나는 이런 모습일까? 성품을 교육한다는 사람이 이러면 안 되는데'라는 생각에 스스로 채찍질하며 힘든 시간을 보내기도 했다.

그러나 감사하게도 나는 좋은 성품으로 변화되기 위해 포기하지 않고 지금도 나에게 묻고, 싸우는 일을 반복하고 있다. 아주 작은 변화지만 내 안에 성품교육으로 인한 에너지들이 좋은 영향력들로 나타나고 있다고 생각한다.

긍정적인 태도란 어떠한 상황에서도 가장 희망적인 생각, 말, 행동을 선택하는 마음가짐 이라고 했다. 그래서 좋은 성품으로 변화된 나의 모습들을 생각하며 나는 오늘도 희망한다.

처음 시작할 때 원장님과 선임 선생님들의 말씀을 아직도 기억하고 있다. 힘들 때마다 위로를 삶고 있는 말이다.

"성품교육을 하는 이유는 성품이 좋아서가 아니라 성품을 사랑하기 때문입니다."

이 메시지를 끝까지 기억하며 내 안에서 조금씩 시작된 변화로 인생이 변화되길 기대해 본다. 오늘도 나는 인내한다. 좋은 성품의 교사가 되기 위해. 좋은 성품의 한 사람으로 거듭나기 위해.

인내란, 좋은 일이 이루어질 때까지 불평 없이 참고 기다리는 것(좋은나무성품학교 정의)이니까.

09

나를 변화시킨 성품교육

경기 평택 | 좋은나무성품학교 꿈그린어린이집 | 오혜진 교사

좋은나무성품학교 꿈그린어린이집에 오기 전까지 나는 성품교육과 상관없는 일반 어린이집에서 근무했다. 그곳에서 나의 생활은 전혀 특별하지 않았다. 그저 어린이집 선생님으로서 해야 할 일만 했고, 교사로서의 사명감은 존재하지 않았다.

그러나 좋은나무성품학교 꿈그린어린이집을 통해 성품교육을 알게 되었고, 진정한 교사란 무엇이고 사명이 무엇인지 깊이 알게 되었다. 그렇게 나의 삶은 변화되기 시작했다.

아이들을 가르친다는 것은 무척 힘이 드는 일이다. 더군다나 성품을 가르친다는 것은 나 자신부터 돌아보지 않는 이상 할 수 없는 것이다. 아이들에게 성품을 어떤 방법으로 가르쳐야 하는지 고민되고 부담이 될 때 나는 먼저 선택한 것이 나의 성품부터 돌아보기로 한 것이었다. 아이들과 함께 성품을 배우고 고쳐 나가는 것에 목표를 두고 교육을 시작한 것이다.

지금도 나는 성품을 변화시키기 위해 노력 중이다. 인내와 절제 그리고 희망을 포기하지 않는 마음 자세가 필요한 쉽지 않은 일이

다. 하지만 나에게 그리고 다음세대를 위해 꼭 해야 할 일이라고 생각하니 나 자신에 대한 책임감과 아이들에 대한 책임감이 저절로 생긴다. 두 달에 한 번씩 열두 번의 교사 교육을 받으면서 성품으로 변화되고 있는 나의 모습을 보니 그저 감사하고 놀랄 따름이다.

요즘은 주변 친구들로부터 "성품 교사가 되더니 정말 성품이 많이 바뀌었구나." "정말 보기 좋다. 성품교육의 힘이 크긴 크구나. 이렇게 네가 좋은 성품으로 변화 될 거라고는 생각 못했는데. 정말 놀라워."라는 말을 들을 때마다 가슴 깊이 감동이 밀려온다. 나 자신이 대견스럽다는 생각도 든다. 성품교사가 된 것이 얼마나 큰 은혜이고 다행인지 모르겠다.

앞으로 다음 세대를 위해 성품교육을 계속 할 것이다. 해맑은 소중한 아이들 한 명 한명을 바라보며 '다음 세대를 이끌어갈 성품 좋은 성품리더'라고 생각하고 오늘도 아이들에게 좋은 성품을 마음에 심어주려고 노력할 것이다.

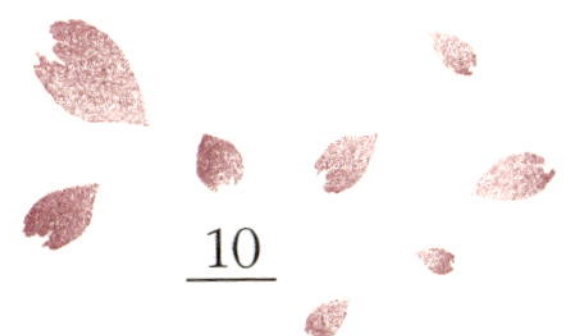

10

인내의 우리 선생님!

전북 전주 | 좋은나무성품학교 가나유치원 | 이지혜 교사

좋은나무성품학교 가나유치원에 근무하게 되어 처음 성품교육을 접하게 되었을 때 성품교육이 우리 아이들에게 얼마나 큰 영향과 변화를 줄 수 있을지 의심했었다. 그러나 성품교육을 시작하고 3년이 지난 지금 아이들의 입에서 자연스럽게 경청, 인내, 절제, 긍정, 창의성이란 말이 나오고 실천하는 모습을 보며 성품교육의 힘을 느끼고 있다.

인내를 배우던 어느 날, 성품 일기장에 한 남자 아이가 적어 온 일기를 보면서 크게 웃은 적이 있다. 하루 중 인내를 잘했던 사람을 글로 적으며 칭찬하는 활동이었는데 "인내의 우리 선생님"이란 제목과 함께 "오늘 내가 우유를 쏟았는데 선생님께서 화를 꾹 참으며 인내하시는 모습이 대단했다"는 글을 보며 순간 너무 재미있기도 하고 정말 내 말과 행동, 표정 하나하나가 아이들에게 영향을 주고 있다는 것을 새삼 느끼게 되었다.

하루를 시작하는 아침마다 아이들에게 어떤 일이 있어도 화내지 말고 참아야겠다고 결심한다. 그런데 아이들끼리 싸우거나 화가 나는 순간이 오면 나도 모르게 목소리 먼저 커지면서 말로는 인내와 절제가 간단해 보이지만 지키기엔 얼마나 힘든 일인지 깨닫곤 한다.

반짝이는 눈으로 매일 매일 웃으며 등원하는 아이들을 보면서 성품교육이 아이들에게 소중한 밑거름이 되길 바라는 마음이다.

성품을 가르치는 것, 세상을 변화시키는 시작이라는 말처럼 소중한 우리 아이들에게 좋은 성품의 교사로 다가서기 위해 오늘도 행복한 하루를 보낸다.

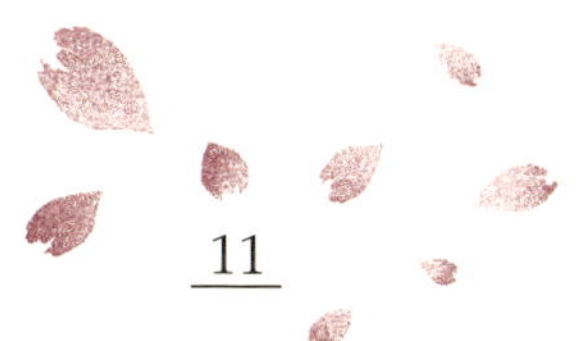

11

여보, 당신이 긍정적으로 변했어!

충북 청주 | 좋은나무성품학교 다니엘유치원 | 노정수 교사

아이들을 가르치면서 나름 최선을 다해 잘 가르치고 있다. 하지만 인성부분은 마음씨가 좋은 것만이 전부가 아니라는 것을 느꼈다. 다행히 성품을 가르치는 유치원이 있다는 것을 알게 되었고, 유치원을 통해 좋은나무성품학교도 알게 되었다.

처음 시작한 성품은 '긍정적인 태도'였다. 성품을 배운 적 없는 내가, 성품을 가르친다는 것은 너무나 낯설게 느껴졌다. 무엇부터 어떻게 시작해야 할지 정말 앞이 깜깜했다. 말로만 익숙했던 인내, 기쁨…, 도대체 기쁨을 어떻게 가르쳐야 하는지 감이 오지 않았다. 무엇보다 아이들에게 성품을 가르치기 전에 나부터 나의 성품부터 돌아봐야 했고, 어떠한 상황이나 형편 속에서도 가장 희망적인 생각, 말, 행동을 선택하는 마음가짐으로 아이들 앞에 서야 한다는 부담감이 내 안에 가득했다. 하지만, 성품 교육이 어느 때보다 필요하고 가장 중요한 교육이라는 것을 알았기 때문에 나는 이 교육을 포기할 수가 없었다. 그래서 아이들과 함께 배우며 성장해야겠다고 단단히 각오하고 성품교육을 시작했다. 성품을 가르치는

시간동안 인내가 가장 많이 필요했고, 노력하지 않으면 안 되는 그런 시간이었다.

이렇게 힘들게 시작한 '긍정적인 태도'를 가르치는 두 달 동안 내 안에 변화가 시작됐다. 그것을 제일 먼저 알게 된 사람은 나 자신이 아니라 바로 남편이었다. 어느 날 남편이 이런 말을 했다.

"좋은나무성품학교 정말 좋다. 성품교육이 참 신기하네. 당신이 긍정적으로 많이 변했어. 난 정말 감사한 걸."

그 말을 들은 나는 "그럼, 내가 평소 긍정적이지 못했어?" 하면서 삐죽거렸지만 생각해 보니 지금까지 자녀를 키우고 유치원 아이들을 가르치면서 내 안에 긍정적인 생각, 말, 행동이 부족했다는 것을 알게 되었다. 그리고 성품교육을 받기 전의 모습과 받은 후의 나의 모습이 비교가 될 정도로 정말 많이 바뀐 것을 느낄 수 있었다.

한편 우리 반 아이들이 써오는 성품 일기장을 보면 아이와 그 가정이 조금씩 변화되고 있음을 느낄 수 있다. 아이들과 부모가 어떻게 변화되고 있는지 부모님들이 적어준 일기를 읽다보면 마음 깊이 뿌듯함과 감사함이 밀려온다. 가랑비에 옷 젖는다는 말처럼 성품은 그렇게 나와 성품을 배우는 아이들 그리고 그 가정에 깊이 스며들어가고 있다.

지금은 우리 아이들에게 성품을 가르친다는 것이 얼마나 자랑스럽고 뿌듯한지 모르겠다. 내가 성품 교사라는 것을 생각하니 책임감 또한 커지면서 자부심이 생긴다. 앞으로 우리 아이들이 좋은 성품의 리더로 자랄 것을 기대하니 너무도 중요한 사명을 가지고 있다는 것이 참 기쁘고, 보람을 느낀다.

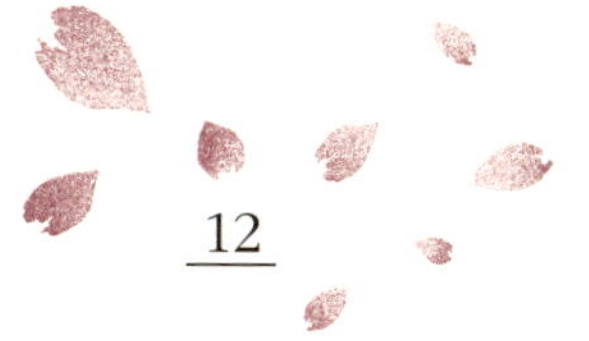

12

성품교사로 아이들을 가르친다는 것

서울 은평구 | 좋은나무성품학교 녹번유치원 | 강윤희 교사

학기 초, '아무것도 모르는 5살 아이들을 데리고 성품교육이라는 것을 할 수 있을까?' 하고 고민을 많이 했다. '다섯 살 아이들에게 순종, 인내, 절제… 휴… 단어 자체만으로도 너무 어려운데 이 어려운 것들을 아이들이 이해하고 그 뜻에 따라 행동하도록 할 수 있을까?', '교사로서 어떻게 가르쳐야 할까?'등 가르침을 주는 입장에서 많은 고민을 하게 되었다.

하지만 노래를 통해 그 정의를 먼저 익숙하게 접해보고, "친구가 다 놀고 건네 줄 때까지 인내하며 기다려보자."라고 인내의 의미를 인식시켜 주니 아이들도 어느새 그 뜻을 받아들이고 이해하며 하나씩 실천하기 시작했다. 처음에는 다투고 울고, 자유선택활동 시간마다 내가 먼저 놀겠다고 전쟁 아닌 전쟁을 치르던 아이들이 지금은 "친구가 먼저 하고 있잖아~ 친구에게 예쁘게 부탁해야지. 그리고 안 빌려주면 인내하며 절제하며 기다려야지~"라고 말한다. 아이들의 조그마한 입술에서 서로가 서로에게 배려가 무엇인지 인내가 무엇인지 고백하며 실천하고 있다.

친구가 절제를 못하고 화를 내거나 짜증내려고 하면 “짜증날 때~ 화가 날 때~ 내 뜻대로 하지 않아요~”라며 상황에 맞는 성품노래를 불러주는 우리 아이들, 정말 깜짝 놀랄 만큼 성장한 모습을 보여주어 교사로서 아이들에게 감동을 받고 있다.

지금은 정직 성품을 배우고 있다. 작은 일에도 정직하게 말하려고 노력하는 모습, 거짓을 말하다가도 다시 정직 성품을 생각하며 바르게 말하는 모습을 보며 ‘어린 나이에도 스스로 자신의 감정을 다스릴 수 있는 아이들이 되었구나’ ‘우리 아이들의 성품도 이만큼 좋게 자라나고 있구나.’하는 생각이 든다.

요즘 사회에서 절제 하지 못해 일어나는 우발적 사고들을 많이 접하게 된다. 하지만 성품교육을 받고 자란 아이들 중에는 그런 일을 저지를 사람은 절대로 없다고 확신하며 믿고 있다.

처음엔 작은 씨앗이었던 성품교육이 교사를 변화시키고, 아이를 변화시키고, 부모를 변화시키고 있다. 나는 성품을 배운 우리 아이들이 훗날 세상을 변화시킬 것이라 믿는다. 그리고 성품교육이 우리나라를 비롯해 세계 곳곳에 흘러 성품으로 아름다운 열매를 가득 맺지 않을까? 모두가 행복하고 즐겁게 살아가는 세상 말이다. 성품을 배우는 많은 아이들과 어른들이 그런 세상을 만들었으면 좋겠다.

13

아이들의 변화는 내 힘의 원동력

경기 동탄 | 좋은나무성품국제학교 | 김지선 교사

성품을 가르치다 보면 아이들에게서, 가정에서 좋은 성품으로 변화되는 모습을 보게 된다. 그럴 때면 뿌듯함과 깊은 감동이 몰려오는데, 그런 감동은 나에게는 다시 한 번 인내 하게 하는 힘의 원동력이 된다.

며칠 전, 한 학부모로부터 전화 한통을 받았다. 사연은 이러했다.

언니와 싸우던 동생이 언니에게 먼저 이런 말을 했다.

"언니! 우리 이제 그만 싸우자. 언니 지금 많이 속상하지? 내가 언니 이야기를 잘 경청해줄 테니까 속상한 것 있으면 나한테 말해. 내가 긍정적인 태도로 경청해 줄게"라고 말하며 언니의 손을 꼬~옥 잡아주었다.

다행히 그날 동생에게 서운했던 언니는 동생과 싸우지 않고도 자신의 서운한 감정을 잘 말할 수 있었고, 동생 역시 언니한테 잘못했다는 것을 깨닫게 되어 사과하고 용서하며 둘 사이의 문제가 잘 해결될 수 있었다.

이 날, 어머니는 불과 여섯 살의 아이에게서 언니보다, 아니 어른보다 더 훌륭한 화해의 방법을 볼 수 있었다며 성품교육의 힘에 감탄해 하셨다. 성품교육이 아이의 생각, 말, 행동을 변화키고 있다면서 감사의 뜻을 전하셨다.

사실 성품교육을 모든 아이들이 수긍하고 받아들이지는 않는다. 또한 태도의 변화가 바로 실질적으로 눈에 띄게 보이는 교육도 아니다. 하지만, 나는 믿는다. 지금 내가 가르치는 성품교육이 우리 아이들의 마음 속에 성품의 씨앗으로 잘 심어져 훗날 어른이 되었을 때, 아름다운 성품의 열매가 풍성하게 맺힐 것이라는 것을 말이다.

성품교육을 위해 노력하시는 많은 분들께 감사드린다.

부록

이영숙 박사의 성품상담 Q&A

궁금해요 박사님

아이의 불같은 성질, 걱정이에요.

저희 아이는 초등학교 1학년 남자아이입니다. 처음엔 아이의 폭력적인 행동을 보면서 '이 연령이 되면 원래 저런 거겠지'하고 생각했는데 요즘 들어 아이의 폭력적인 행동이 더 심해져서 걱정입니다. 다른 아이들도 그럴 거라고 생각하고 지금까지 손 놓고 지내왔는데, 지금 와서 보니 그게 아닌 것 같아요. 아이는 요즘 쉽게 화를 내고 자기의 뜻대로 안되거나 계획한 것들이 생각처럼 안 될 때는 굉장히 폭력적으로 변합니다.

그럼 저도 덩달아 목소리가 높아지고 아이에게 매를 들게 됩니다. 이런 일들은 하루에도 몇 번이나 되풀이 되고, 도저히 개선이 안돼요. 이 글을 쓰는 지금, 문득 화가 나면 괴물처럼 변하는 엄마를 딸아이가 어떻게 볼지 걱정이 됩니다. 딸아이 역시 자기 동생에 대한 불만이 쌓여서 나중에 남매 관계에 나쁜 영향을 끼치진 않을까 걱정 되네요.

아이들은 원래 이러면서 자라는 걸까요? 제가 어떻게 해야 하는 건가요? 저를 닮아가는 것 같아 걱정입니다. 도와주세요.

이영숙 박사의 성품상담

아이가 자신의 상황을 말로 표현하도록 질문하세요.

분노를 잘 폭발하는 사람의 마음속에는 억압된 심리가 있습니다. 감정을 잘 다루지 못하는 원인도 있고요. 우선 어머니 안에 있는 억압된 감정을 먼저 뽑아 주셔야 합니다. 어렸을 때 부모로부터 감정을 잘 표출하지 못하고 억압을 많이 받으면 커서도 화를 잘 내고 분노를 자주 폭발합니다. 마음에 해결되지 않은 상처가 있는 것이지요.

우선 나의 문제가 무엇인지 살펴보시고 어른으로서 용납하는 시간을 갖으시기 바랍니다. 잘 안되면 믿을 수 있는 누군가를 찾아 마음껏 속마음을 털어놓는 것도 도움이 됩니다. 그리고 아드님도 같은 시각으로 바라보시기 바랍니다. 엄마나 아빠에게 억압되어 있는 감정을 털어놓고 이야기 하는 시간을 갖으려고 노력하세요. 아이의 상황을 공감해주며 속마음을 많이 읽어주는 대화법이 필요합니다. 또한 차분하게 자신의 욕구를 말로 표현하는 습관을 키워주시기 바랍니다. 부모님의 경고나 위협하는 말은 멈추셔야 합니다. 예를 들면 "네가 지금 왜 이렇게 화가 났는지, 왜 그랬는지 말해줄 수 있겠니?"라고 아이의 상황을 말로 표현하도록 질문해 주세요. 어렵지만 지금부터 하시면 온순한 아이로 변할 것입니다. 제일 중요한 것은 아이에게 사랑한다고 많이 말해주셔야 합니다.

궁금해요
박사님

신경질적인 아이, 저의 양육 문제일까요?

며칠 전 아이를 데리고 소아 정신과에 상담을 받으러 간 적이 있었습니다. 아이에게 분노조절장애가 있는 것은 아닌지 상담을 받고 싶었거든요. 고집이 센 아이를 제가 잘 다루지 못하고 있는 것 같았습니다. 한 번 울면 워낙 시끄럽게 악을 쓰면서 길게 우는데 친정 엄마도 그런 손자를 보면서 "넌 정말 순했는데 쟤는 누굴 닮은 거니. 정말 봐주기 힘들구나."하시면서 혀를 내두르셨어요. 친정 엄마는 제가 성격이 순해서 아이한테 휘둘리는 것 같다고 말씀하시더라고요. 그런 말을 듣다 보니 양육에 점점 자신이 없고 불안감을 많이 느끼고 있습니다. 그런데 며칠 전 소아 정신과 선생님께서는 저의 양육에 문제가 좀 있으니 아이가 이유 없이 울 때는 무심하게 놔두라고 말씀해 주시더군요.

사실 저는 아이가 조금이라도 울기 시작하면 울음을 당장 멈추게 하려고 신경질적인 반응을 보이는 편입니다. 그런 신경질적인 반응의 시초는 출산 우울증이었어요. 아이가 태어나면서 직장을 그만뒀고, 친정도 없는 미국에서 하루 종일 덩그러니 남편만 기다리는 처지가 죽도록 싫었습니다. 그렇다 보니 결혼과 출산의 모든 것이 증오의 대상이었죠. 당연히 아이도 전혀 예쁘지 않았고 아기한테 하루 종일 말 한마디 안 시킨 날들이 이어졌어요. 스킨십도 거의 안 해주고, 분유만 시간 맞춰 먹이고는 아기 방에 놔두고 문 닫고 나와 버리기가 일쑤였습니다. 다행히 아이의 천성이 밝고 적극적이며 활달하다 보니, 아이가 네 살 된 올 해부터 육아에 대한 심적 부담이 크게 줄었고 요즘에서야 전에 없던 사랑을 느끼고 있습니다. 그러다 보니 두뇌발달에 중요한 시기라는 3살까지의 시기에 사랑을 많이 주지 못하고 아무렇게나 키운 것 같아서 죄책감과 미안함이 큽니다.

이영숙 박사의
성품상담

아이에게 집중하고 사랑해주세요.

출산 우울증으로 초기의 자녀 양육에 많은 어려움이 있으셨군요. 그래도 아이의 천성이 밝고 낙천적이라서 큰 문제없이 자라 다행입니다. 지금 아이와의 어려움은 그 시절의 부모 자녀관계의 일반적인 어려움이 반영되어 있는 듯합니다. 보통 0-3세 시기의 잘못된 양육이 문제가 되어 어른이 되어서도 애착장애나 소아 우울증, 언어장애로 이어지기도 합니다. 하지만 지나간 시간에 연연해하면서 지나친 보상심리를 아이에게 보이실 필요는 없습니다. 아이의 문제가 더 커지게 되기 때문입니다. 이제 지금의 자녀에게 집중하시어 많은 사랑으로 회복하시면 됩니다.

스킨십을 많이 해 주니까 아이가 변화되듯이, 아이의 마음속에 엉겨진 아픔도 어머니의 진심 어린 사랑으로 치유가 될 것입니다. 많이 놀아주시고 사랑한다고 많이 말해 주세요. 스킨십도 많이 해 주셔야 합니다. 예쁜 태도로 말할 때는 관심을 갖고 칭찬해 주시면서 사랑을 표현해 주세요. 중요한 것은, 어머님의 신경질적인 양육을 받게 되면 아이도 신경질적으로 반응한다는 것입니다. 반면 아이의 인격을 존중해 주고 무조건적인 수용을 경험하는 사랑의 양육을 받게 되면 아이도 다른 사람을 존중하고 사랑을 전하는 아이로 성장하게 됩니다.

궁금해요 박사님

내성적이고 울기부터 하는 딸, 어떻게 대해줘야 하나요.

곧 3살이 되는 저희 딸은 약간 내성적입니다. 하지만 밝고, 친구들을 좋아하고, 때로는 자기 의사표현도 확실하게 하지요. 그런데 아이가 더 아기였을 때부터 울 일이 생기면 그냥 가볍게 우는 것이 아니라, 눈물을 뚝뚝 흘리며 서럽게 울어서 무슨 아기가 이렇게 서럽게 우냐는 질문을 많이 들었습니다. 지금도 혼나거나 자기 뜻대로 안되면 항상 눈물부터 나오고 서럽게 울면서 '안아줘, 안아줘'하며 위로받고 싶어 합니다. 곧 3살이 되는데 울기부터 먼저 하는 아이를 보면 가끔은 당황스러워요. 많이 혼내지도 않는데 말이지요. 또한 혼내려고 하면 많이 겁을 먹습니다. 그래서 크게 혼내지도 못하지요. 평소에는 제가 아이한테 사랑한다는 말도 많이 하고 스킨십도 많이 하는 편입니다. 아이가 짜증을 내거나 불만을 표하면 아이 입장에서 이해하려고 품어주는 편이구요. 그러나 잘못을 계속 반복하거나 저를 많이 힘들게 하면 신경질적으로 큰소리를 내거나 화를 낼 때가 있었어요. 아이를 어떻게 대해주어야 하나요?

이영숙 박사의
성품상담

자신의 의견을 정확하게 말하는 습관부터 길러주세요.

선천적인 기질이 우울질 같습니다. 우울질 아이는 마음이 섬세하고 연약하여 조그만 일에도 잘 웁니다. 낙심도 잘하고 매사에 긍정적인 면보다는 부정적으로 생각하는 경향이 강하기 때문에 다른 사람보다 걱정도 많습니다. 그러나 선척적으로 타고난 예술적인 기질이 있기 때문에 아이의 재능을 일찍부터 잘 발견하여 키워주시는 것이 좋습니다. 모든 일에 감사하는 습관부터 가르치세요. 울지 않고 말로 정확하게 자신의 의견을 이야기하는 습관을 힘드셔도 계속 가르쳐 주셔야 합니다. 겁이 많기 때문에 큰 소리로 야단치는 것보다는 차분하게 알아듣도록 잘 이야기하시기 바랍니다. 격려를 많이 해주시고요. 많이 칭찬하셔야 아이가 자신의 모습을 빛나게 발휘할 수 있답니다.

궁금해요 박사님

자기가 해야 할 일을 몰라요. 그리고 아기처럼 행동해요.

초등학교 2학년 딸을 둔 엄마입니다. 우리 아이는 혼자 알아서 일을 해결해 나가려고 하지 않아요. 스스로 알아서 하는 일이 전혀 없어요. 예를 들면 아침 시간에는 세수해라, 로션 발라라, 양말 신어라 등 하나부터 열까지 제가 다 말해줘야 실천합니다. 제가 말을 안하면 스스로 챙기지 않아서 항상 곤욕을 치릅니다. 이렇게 잔소리를 늘어놓아도 준비물이며 학교 가방까지 빼놓고 몸만 학교에 간적도 여러 번입니다. 자기가 무엇을 챙겨야 하고 지금 무슨 일을 해야 하는지 전혀 생각을 안 하고 살고 있습니다. 심지어 하나를 해놓으면 그 다음에 자신이 무엇을 해야 하는지 저에게 물어봅니다. 예를 들면 이런 것이지요.

"엄마, 나 세수 했어. 이젠 뭐해?"

"엄마 나 양말 다 신었어. 이젠 뭐해?" 라고요. 정말 답답합니다.

그 뿐만이 아닙니다. 아이는 초등학교 2학년인데 너무 아기처럼 행동을 해요. 심지어 2학년인데 1학년 반에 들어가서 수업을 하다가 뜬금없이 1학년 반에 보내달라고 조르기까지 했습니다. 그리고 선생님의 양 다리에 매달려 아기처럼 장난을 치고 업어달라고 하고 조르기까지 한다고 합니다. 소꿉놀이 하다가도 아기처럼 구는데 정말 우리 아이가 왜 이러는지 모르겠습니다. 친구들도 우리 아이가 너무 아기처럼 행동해서 어울려 놀려고 하지 않더라고요. 선생님들도 이 문제를 여러 번 언급 하셨습니다. 집에서도 그러지 말라고 야단을 치는데 조금도 고쳐지지 않아요. 어떻게 해야 하나요? 너무너무 걱정됩니다. 도와주세요.

이영숙 박사의
성품상담

스스로 잘한 행동에 대해 구체적으로 칭찬해 주세요.

자녀가 잘못한 것에 대해 나열하기보다는 한 가지라도 자율적으로 한 것이 있다면 칭찬을 많이 해 주세요. 이 때 칭찬은 구체적으로 하셔야 합니다. "잘했다"가 아니라 "엄마가 시키지 않았지만 네가 양치질을 잘 했구나."식의 구체적인 칭찬을 하셔야 합니다. 잘 안 되는 것을 자꾸 지적하면 자칫 '나는 잘 못해'라고 인식하여 무능감이나 열등감을 갖게 될 수 있습니다. 열등감은 자녀가 그가 속한 세계에 대처함에 있어서 자신의 무능력이나 자신이 중요하지 않음을 지각하면서 생겨납니다. 만일 아동이 성공에 대한 느낌이나 일을 잘 처리해서 인정을 받고자 하는 것에 실패한다면 무력감이 나타나게 되지요. 그렇게 되면 자녀는 즐거움을 느끼지 못하고 잘한 일에 대한 자부심을 발달시키지 못할 수도 있습니다.

잘 한 것에 대한 칭찬과 "엄마는 네가 잘 해낼 것을 믿어"라는 응원의 말은 자녀가 자율적으로 자신을 통제하는 일을 시도하는 것의 시작이 될 것입니다.

궁금해요
박사님

30개월 접어드는 아들이 말을 안 해요.

이제 30개월에 접어드는 아들입니다. 그런데 아들 녀석이 아직 말을 못해요. 제가 집에서 말을 안 가르친 탓인가 하는 생각이 듭니다. 사실 남편과 저는 아이에게 말을 가르쳐주는 것이 아니라 그냥 저절로 아이가 말을 하는 줄 알았거든요. 집에서도 비디오를 자주 틀어주고 특별히 재미있게 놀아주거나 하지 않았어요. 그래도 아이가 밝고 잘 웃고 해서 전혀 우리 아이가 이상하다는 생각은 안했습니다. 비디오만 틀어주면 소파에 앉아서 집중하니까 나쁘단 생각은 못했어요. 그런데 시간이 흘러도 아이가 말을 안 해서 걱정이 되더라고요. 그러다가 제가 임신을 하고 둘째를 낳게 되면서 아이를 더 방치하게 됐습니다. 그러다 몇 개월 후 아이 행동이 이상해지기 시작했습니다. 완전 중독이 됐나 싶을 정도로 심각했습니다. DVD 볼 때는 누가 옆에 오지도 못하게 하고, DVD를 보기 전에는 자기가 좋아하는 물건을 옆에 미리 챙겨놓기까지 하더라고요. 지금은 비디오를 중단했습니다. 아이는 며칠 동안은 소리를 지르고 방문을 큰 소리 나게 쾅쾅 닫고, 창문 밖을 멍하니 쳐다보곤 했습니다. 다행히 비디오를 끊은 지금은 남편도 많은 시간을 아이와 함께 보내주고 있습니다. 낱말 카드놀이, 동요 따라 부르기 등을 통해서 말이지요. 하지만 아이가 말을 잘 따라하려고 하지를 않아요. 혹시 자폐 증상이 아닌가 싶어서 정신과 의사도 만나봤는데, 몇 가지 이상한 행동이 있긴 하지만 눈을 안 맞춘다던가 하는 행동이 안보여서 자폐는 아닌 것 같다고 하더라고요. 아들은 아빠와 동생도 무척 좋아합니다. 아빠가 샤워하고 나올 때까지 갈아입을 옷을 챙겨서 기다리기도 하고요, 동생한테 뽀뽀도 자주 해주거든요.

정말 걱정이에요. 언어치료를 신청해 놓은 상태 이지만 집에서 어떻게 해야 할지 알려주세요.

이영숙 박사의 성품상담

다른 사람과의 교류를 통해 아이의 언어 능력을 키워주세요.

30개월인데 아직 말을 못한다 하니 정말 걱정이 되시겠어요. 보통 말은 태어나서 20개월 정도까지는 열심히 듣다가 그 즈음에서 말문이 트이기 시작하고 24개월부터는 집단교육이 가능할 정도의 사회적 교류를 활발하게 시작합니다. 그래서 24개월까지 많은 것들을 아이의 뇌 속에 입력시켜 주는 것이 중요하지요. 특히 모국어의 개념이 형성되는 시기이기 때문에 양육자는 많은 이야기를 들려주어야 합니다. 이때 비디오만 보는 일은 치명적인 언어 발달에 지장을 줍니다. 안타깝게도 아드님은 중요한 그 시기를 비디오 앞에서 보내게 된 것 같습니다. 그러나 지금이라도 중단시키고 사람들과의 교류를 활발하게 시도해 주신 것은 참 다행한 일입니다. 자폐가 걱정이 되다가도 몇 가지 사실이 안심이 되기도 합니다. 먼저 아이가 눈맞춤이 된다는 사실, 그리고 동생을 예뻐하고 엄마 아빠의 옷을 챙겨주고 먹을 것을 주면서 기뻐하는 모습 등 사람과의 교류를 기뻐한다는 사실과 가르쳐 준 낱말 카드를 기억하는 일 이런 일들은 아주 고무적입니다. 지금처럼 아이와 많이 놀아주시고 많이 가르쳐 주십시오. 어쩌면 지금까지 너무 가르친 것이 없어서 나올 것이 없었던 것이라고 생각이 들기도 합니다. 그러나 언어의 발달이 제 나이보다 많이 늦어진 것이 사실이므로 언어교육은 집중적으로 하셔야 하겠습니다. 언어치료를 신청한 상태라고 하셨으니 다행입니다. 온 가족이 첫째 아이의 교육에 집중하는 모습이 계속적으로 필요하다고 봅니다. 그리고 아이를 주변의 좋은 놀이학교에 보내보세요. 아이에게는 많은 사람들과의 교류가 필요합니다. 놀이학교에서 많은 것들을 듣고 배우고 또래 친구들과 부담 없이 어울려 놀아보는 경험이 아이에게 많은 도움이 될 것입니다.

궁금해요 박사님

아이가 저랑 잠시라도 떨어져 있지 않으려고 해요.

현재 40개월, 그리고 11개월 된 아들이 둘 있습니다. 그런데 첫애가 무서움을 너무 잘 타고 혼자 있는 것을 무척 싫어해요. 하다못해 제가 화장실을 가도 같이 따라와야 하고요. 자기가 놀고 있다가 자기 시야에 제가 안보이면 "엄마!!! 엄마!!!"하고 소리 지르며 울부짖고 저를 애타게 찾으면서 제가 뭘 하든지 자기가 하고 싶은걸 꾹 참고라도 저랑 같이 붙어 있어야 해요. 문제는 올해 유치원을 보내야 하는데 엄마와 떨어져 어디 가는 것을 너무 싫어한다는 것입니다. 그래서 요즘 또래 엄마들과 모여서 홈스쿨 식으로 아이들을 모아 놓고 학습을 하는데 그건 매우 좋아해요. 제가 둘째 낳기 전까지 직장을 다니면서 첫애를 아는 분에게 맡겼었는데, 그래서 그런지 저랑 떨어져 다른 사람과 잠깐 있는 것도 너무 싫어하고 울어댑니다. 무서움을 없애려고 일요일에 교회 주일학교도 보내고 있는데 안 가려고 해요. 억지로 맡겨놓으면 애가 하도 소리 지르고 울어대서 선생님들도 힘들어 하십니다. 어떻게 해야 아이가 그런 두려움을 이겨내고 학교에 다닐 수 있을까요?

이영숙 박사의
성품상담

아이와 약속한대로 꼭 해 주세요.

아드님은 애착장애에서 오는 어려움인 것 같습니다. 아이가 어렸을 때, 자신을 돌보는 1차 양육자와의 친밀한 애착이 원만하게 일어나야 세상을 신뢰하고 자신의 놀이나 일에 몰두하게 되지요. 반대로 애착이 잘 안되었을 경우에는 세상을 불신하게 되고 불안 증세를 보입니다. 심하면 '애착장애'라는 유사 자폐증과 같은 현상을 보이기도 한답니다.

우선 아이를 많이 사랑해 주시면서 안정시키는 것이 중요합니다. 엄마가 어디로 가든지 아이에게 말로 전달해 주어서 안심시켜 주어야 합니다. 이런 아이의 심리는 심한 분리불안증을 갖고 있기 때문입니다. 마음을 안심시켜 준다는 표현이 옳을 것 같네요. 그렇게 하면서 차츰차츰 교육해야 합니다. 처음에는 집에서부터 시작하세요. "엄마가 지금 화장실에 간단다. 네 방에서 놀고 있어. 엄마가 다시 와서 재미있는 동화책 읽어 줄게." 주일학교에 가서도 이렇게 말해 주세요.

"여기는 너와 네 친구들이 예배드리는 곳이란다. 엄마와 같은 어른들은 2층에서 예배를 드리고 넌 이곳에서 예배드리는 거야. 엄마는 2층에서 예배드린 후 네게로 올거야. 그리고 함께 가서 맛있는 점심을 먹자구나."

이렇게 말로 잘 설명해 주어 안심시켜 주시고 약속한대로 아이에게 꼭 해 주셔야 합니다. 기억할 것은 이 아이는 모든 것을 불신하고 있다는 사실입니다. 처음에는 엄마의 말을 믿지 못해서 울고 떼쓰면서 말을 듣지 않을 것입니다. 억지로 무리하게 떼기보다는 안심시켜 주면서 사랑을 표현하고 함께 있어 주십시오. 아이가 안심되기 시작하면 새로운 활동에 흥미를 느끼면서 차츰 혼자서도 할 수 있게 된답니다.

궁금해요 박사님

편식이 심한 아들 때문에 스트레스예요.

편식하는 5살짜리 아들을 둔 엄마입니다. 우리 아들은 야채는 물론 자기 입맛에 맞지 않는 음식은 무조건 안 먹어요. 치즈종류나 치킨너겟 같은 음식을 좋아하고요. 아들녀석의 편식과 싸우기 벌써 몇 년째랍니다. 이젠 밥 먹일 때마다 아이를 자꾸 다그치면서 짜증을 내며 먹이게 되네요. 이러면 아이한테 더 안좋다는 것을 알면서도 음식 냄새를 맡으며 일부러 헛구역질하는 아들을 보면 정말 한계가 느껴져요.

어떻게 하면 좋을까요? 정말 너무 힘드네요. 남편은 왜 애를 억지로 먹이려고 하냐면서 아예 굶기라는데 하루 종일 아이랑 같이 있는 엄마로서 굶기진 못하겠더라고요. 정말 굶기면 나중에 다 먹는지 궁금해요.

이영숙 박사의 성품상담

가족이 함께 모여 즐겁게 이야기하며 식사하는 풍토를 만들어 가세요.

자기가 좋아하는 음식만 골라 먹고 다른 음식은 손도 대지 않는 아이에게는 이것저것 골고루 만들어 주는 것이 좋습니다. 대부분 편식은 엄마가 만들어 준 결과이기도 합니다.

이유식 시기에 다양한 미각 훈련이 되도록 이것저것 만들어 주어 다양한 음식을 접하게 해 주어야 합니다. 이 시기를 놓쳐 버리면 아이의 편식 버릇이 심하게 나타나기도 합니다. 이때 야단치면서 억지로 밥을 먹이게 되면 아이는 더 거부하고 부모와 아이가 모두 커다란 스트레스를 받게 됩니다. 자연스럽게 편식을 치료하도록 하십시오.

_ 다양한 요리법으로 아이에게 선택의 폭을 넓혀줍니다.
_ 처음에는 적은 양으로 맛보게 하고 점점 늘려가는 형식을 취합니다.
_ 편식한다고 야단치거나 한꺼번에 무리하게 먹이면 싫어하는 음식을 더 혐오하게 될 수 있습니다.

편식을 심하게 하게 되면 영양이 불균형이 되어 성장에 지장을 줄 수도 있고 성격이 예민해 지기도 합니다. 그대로 방치해 두는 것보다 “이제는 널 더 이상 포기하지 않을 거야. 처음에는 준비할 수 있게 조금은 봐주지만 더 이상은 엄마도 내버려 두지 않을 거야.”라고 말하며 언젠가 한번은 꼭 해야 하는 일이라고 설명하면서 충분히 설명해 주세요. 밥 먹는 것이 즐겁고 신나는 일이고 온 가족이 함께하는 중요한 일이라고 알려 주면서 하루 한 번은 온 가족이 함께 모여 즐겁게 이야기하며 식사하는 가족의 풍토를 만들어 가세요. 식사시간에 안 오면 다시 차려 주지 않을 것이라고 경고하고 그대로 실행하셔야합니다. 한두 번 배고픔을 경험하는 것은 좋은 치료가 됩니다. 이 때 간식은 절대로 주지 말아야 합니다.

궁금해요
박사님

아이의 자존감을 높일 수 있는 방법을 알려주세요.

저희 아이는 초등학교 1학년 남자아이입니다. 요즘 들어 아이가 무척 자신감이 떨어진 것 같습니다. 반 친구들이 자신을 얼굴이 크다며 놀린다고 하네요. 아이가 고학년이 되면 외모에 무척 신경을 쓸 텐데 벌써부터 걱정입니다. 그리고 요새 부쩍 화를 잘 내며 잘 우는 버릇도 생겼습니다. 잘 키우려고 노력 하는데도 쉽지가 않네요. 도와주세요.

이영숙 박사의
성품상담

기쁨의 성품을 가르치세요.

좋은나무성품학교에서는 아이들에게 “기쁨의 성품”을 가르칩니다. 기쁨(Joyfulness)이란 어려운 상황이나 형편 속에서도 불평하지 않고 즐거운 마음을 유지하는 태도입니다. 기쁨의 성품은 먼저 나 자신을 즐거워하는 학습부터 시작됩니다. 또한 나 자신에 대해서 좋은 자기개념을 세우고 시작하는 것이 모든 것의 시작이 됩니다. 내가 얼마나 소중한지를 가르쳐 주세요. 엄마 아빠가 너를 얼마나 소중하게 생각하는지를 알려주시고 얼마나 귀한 존재인지를 알게 해 주세요. 이 세상에 하나 밖에 없는 특별한 존재로서의 가치를 많이 들려주시기 바랍니다. 그리고 바꿀 수 없는 모든 것은 하나님이 특별하게 나를 위해 주신 감사한 것이라고 들려주시기 바랍니다. 아이들의 자아 존중감은 부모님의 사랑 속에서 생겨납니다. 부모님의 무조건적인 사랑과 용납을 받아 본 아이는 자신을 귀하게 여기게 된답니다. 힘내시고 계속 아이의 마음속에 확신을 심어주세요.

궁금해요 박사님

3살 된 아이 한글 배우기에 대해

아이가 3살 3개월이에요. 말을 빨리 시작했고 지금은 논리적으로 자기 의사표현도 잘합니다. 책 읽기를 좋아해서 쓰는 단어의 폭도 넓어졌지요. 요즘은 그림만 보고 혼자 중얼중얼, 자기가 이야기를 만들어 냅니다. 그래서 이제 글 읽기를 가르쳐도 될 것 같아서, 집의 물건에다가 한글을 써 붙여보기도 하고, 신나는 한글나라를 사서 해보거나 인터넷에서 한글 배우는 놀이 사이트를 등록해서 같이 해보기도 했는데 배운 글자들을 전혀 기억하지 못하네요. 요즘은 쓰는 걸 정말 좋아해서, '가 나 다 라 마 바 사 아 자 차 카 타 파 하'를 점선으로 찍어주었더니 밤낮으로 열심히 따라 씁니다. 그런데 '가나다라' 이 네 글자만 며칠을 반복해서 써보기를 했는데도 그 글자를 기억하지 못합니다. 그럼 저는 그냥 귀여워서 웃습니다. 무슨 말을 하든지 잊어버리는 법이 없고, 기억력도 좋은데, 왜 한글만큼은 잘 기억하지 못하는지… 아직 때가 안 된 건가요? 좀 기다려야 하는 것인지 아니면 한글을 가르치는 효과적인 방법이 있는지 궁금하네요.

이영숙 박사의 성품상담

재미있게 한글을 가르치는 방법

아이가 영특하고 언어적 능력이 발달한 것 같습니다. 한글을 익히는 시기는 아이의 인지발달에 따라 배우는 시기가 달라집니다. 아이의 인지 발달을 위해서는 3가지 방법으로 지도할 수 있는데 짝 맞추기, 순서정하기, 분류하기 등입니다. 한글을 2장의 카드에 적어 놓고 같은 그림 맞추기처럼 짝을 찾아 매칭 하는 형태로 가르쳐 보세요. 아이가 훨씬 더 잘 배우게 될 것입니다.

예를 들면 'ㄱ, ㄴ, ㄷ' 등 자음은 파랑 글씨로 2장씩 만들고 모음은 '아, 야, 어, 여' 등 2장씩 만들어 같은 글씨를 찾아 짝을 맞춰 보게 하는 것입니다. 같은 글씨의 짝을 맞춰보면서 글자에 대한 변별력이 생기겠지요. 그때 엄마가 '기역, 니은…' 이라고 발음(파닉스)을 익혀주셔야 합니다. 반복해서 모두 익히고 파닉스로 글자 합성을 가르쳐 주면 글을 읽게 된답니다. 열심히 가르치시고 계속 반복하시다 보면 아이는 어느새 글을 읽게 될 것입니다. 그런데 절대 아이에게 스트레스를 주면 안 됩니다. 글은 재미있게 가르쳐야 합니다. 학문의 길은 멀고 험하기 때문에 미리 지치게 해서는 절대 안 되지요. 한글놀이라고 부르고 재미있게 지도하세요.

우리 아이는 의욕이 없어요.

초등학교 4학년인 우리 아이는 공부는 잘 하는데 의욕적이지 않습니다. 며칠 전엔 선생님으로부터 전화가 왔었습니다. 아이가 질문도 안하고 대답도 잘 안하고, 길게 설명해야 하는 대답은 그냥 빤히 쳐다만 보고 있다고 하더군요. 저는 우리 아이가 집에서만 그러는줄 알았는데, 학교에서도 그런다고 하니 정말 답답합니다. 집에서는 자기 물건에 대한 애착도 없고 정리정돈도 잘 안합니다. 이럴 땐 어떻게 훈계해야 할까요?

이영숙 박사의 성품상담

감정을 표현하는 법부터 가르쳐 주세요.

정확한 것은 기질테스트를 해봐야 알겠으나, 말씀해주신 것을 미루어 볼 때 우울질의 기질을 가졌을 확률이 높습니다. 따라서 아이의 기질을 먼저 파악하시고 그것에 따라 장점은 살리고 단점은 보완하는 양육을 시도해야 합니다. 우울질의 아이들은 내성적인 성격으로, 침울하고 답답한 듯이 보이지만 풍부한 감수성과 예민함을 소유하고 있습니다. 활동력은 약하지만 내면세계에 대한 관심이 많지요. 완벽함을 추구하기 때문에 우울질 중에는 천재가 많은 편이기도 합니다. 하지만 극단적이고 불안정한 면을 가지고 있기 때문에 부모의 섬세한 관찰이 필요합니다. 이 아이들의 감정은 예민하고 섬세하지만 그러한 것을 표현하는 데에는 어려움을 느낄 수 있습니다. 표현에 어려움을 겪게 되면 사람들과 어울리기를 포기하고 입을 다물어 자신 안으로 깊게 빠져버리는 경우도 있으니 주의해야 합니다. 그러므로 부모가 아이의 기분을 먼저 알아차리고 대화를 시도하여 감정을 적절히 표현하는 법을 가르쳐야 합니다.

이를테면 "우리 ㅇㅇ가 지금 기분이 안 좋구나?"라고 대화를 이끌어내어 아이의 기분을 좀 더 적극적으로 말로 표현할 수 있는 분위기를 만들어주는 것이 좋습니다.

"나는 ㅇㅇ해서 ㅇㅇ했어요."와 같은 나-메시지(I-message)법으로 표현하게 되면 자신의 감정과 욕구를 인지하고 표현하고 조절할 수 있게 됩니다. 그러면 아이는 자연스럽게 공동체 안에서 조화를 이루는 방법을 터득하게 될 것입니다.

궁금해요 박사님

자신의 의견을 떳떳하게 말하지 못해요.

저는 연년생을 둔 엄마입니다. 잘 키워보겠다는 엄마의 욕심에 아이에게 너무 많은 것을 요구 했나봐요. 우리 딸은 초등학교 2학년인데 무슨 일을 하든지 자신감이 없습니다. 그리고 일을 쉽게 포기하고 무슨 일에 대해 "이렇게, 이렇게 해"라고 설명을 하면 "이렇게 했다가 안 되면 어떻게 해?"라고 다시 물어옵니다. 처음에는 그냥 그러려니 했는데 항상 이런식으로 물어오는 아이에게 이제는 화가 납니다. 특히 친구들이 자기가 가진 물건을 달라고 하면 거절을 못하고 주고 와서 많이 속상해 합니다. 싫다고 대답하지 그랬냐고 말하면 "만약에 그렇게 대답해서 그 애가 나랑 안 놀아주면 어떻게 해?"하며 물어옵니다. 설명을 해도 아이는 받아들이지 않고 불안해합니다. 무엇이 문제일까요. 제가 잘못 가르친 걸까요?

이영숙 박사의 성품상담

완벽주의적인 엄마의 양육

완벽주의적인 엄마에게 양육 받는 아이는 많이 불안해하고 자신감이 부족합니다. 엄마에게 무조건적인 수용을 받아본 아이들이 자신감이 넘치지요. 엄마의 역할은 무엇인가 자녀에게 요구하는 것이 아니라 아이의 있는 그대로의 모습을 기쁨으로 받아주는 무조건적인 사랑을 주는 사람이어야 합니다. 그래야 아이들이 험한 세상에 나가 많은 스트레스에 시달리다가도 우리 엄마에게 달려가면 쉴 수 있다고 생각하게 되지요. 이런 자녀는 자신 있게 세상과 당당하게 당면하여 싸울 수 있는 힘을 갖게 됩니다. 먼저 엄마의 모습을 살펴보세요. 왜 내가 이렇게 자녀에게 완벽성을 추구하는 엄마가 되었는지 말이지요. 그러면 아마도 자신에게 날마다 엄격하게 대하고 있는 지친 자아상도 함께 보시게 될 것입니다. 아마도 어머니가 어린 시절에 받은 아픈 상처가 원인일 수도 있습니다. 깊이 숨어있는 내안의 작은 아이에게 편안함을 선포해 주세요. 그리고 어머니 자신 안에 살고 있는 작은 아이에게 있는 그대로의 모습으로 나는 너를 사랑한다고 말해 주세요. 엄마 자신이 먼저 자신을 있는 그대로 사랑할 수 있어야 다른 사람도 그렇게 사랑할 수 있답니다. 그리고 자유로운 마음으로 자녀에게로 가서 "엄마가 너에게 너무 많은 것을 요구했던 것 같구나. 용서해 주렴. 이제 엄마는 네 있는 모습 그대로 너를 무조건 사랑해. 이것이 진심이란다." 라고 말해 주세요. 아이가 진실로 엄마의 무조건적인 지지와 사랑을 경험하게 되면 자신감이 넘치게 되고 다른 사람이 자신을 거절하게 될까봐 두려워하는 조바심이 사라질 것입니다. 우리 모든 사람은 사랑받기 위해 태어난 사람이고 모두가 너무나 귀한 사람이지요. 따님에게 가셔서 "네가 내 딸인 것이 정말 고맙다."라고 말씀해 주세요.

궁금해요 박사님

산만한 우리 딸, 행동발달장애는 아닌지 걱정입니다.

23개월 된 여아의 엄마입니다. 요즘 아이의 행동을 보며 행동발달장애가 아닌지 무척 걱정이 됩니다. 말도 제법 잘하고 자기 의사표현도 정확하게 표현해서 주변에서는 아이가 영악하다 똑똑하다고 말합니다. 하루의 대부분을 엄마인 저와 같이 하면서, 나름대로는 같이 놀아주는데 최선을 다하고 있지만, 언제 부턴가 집중력이 없어졌다는 생각이 들었습니다. 좋아하는 놀이를 하면서도 엎드렸다 앉았다 발을 굴렀다 자리를 이쪽으로 저쪽으로, 이렇게 5분 이상 집중하지 못하고 무척 산만합니다. 비디오를 보다가도 느닷없이 장난감을 가져오고 그러다가 또 다른 놀이로 바꾸고 하나를 꾸준히 집중하는 일이 거의 없어요. 아이가 커갈수록 걱정이 더해갑니다. 이런 것이 행동발달장애라는 건가요?

이영숙 박사의 성품상담

새로운 놀이감으로 집중력을 훈련하세요.

행동발달장애라고 말하기는 어려운 것 같군요. 집중력을 훈련해야 할 것 같습니다. 23개월이라니까 지금부터 잘 훈련하시면 집중력이 좋은 아이가 될 것입니다. 우선 부산하다고 지적하셨는데 그 원인이 무엇인가부터 생각해 보세요. 엄마하고 하루 종일 함께 논다고 하셨는데, 이제는 집안에 있는 모든 것이 흥미가 떨어진 상태여서 그런 것이 아닌가 하는 생각이 듭니다. 먼저 새로운 놀이를 한 번 제시해 보세요. 아주 재미있고 새롭고 흥미로운 것으로 준비하셔서 아이의 상태를 관찰해 보세요. 그것도 같은 패턴의 행동이 나온다면 계획을 갖고 집중력을 훈련해 나가셔야 합니다. 아이와 함께 집중력놀이를 하자고 하시면서 한 가지씩만 놀이를 선택하여 끝까지 마친 후에 다른 것을 선택하거나 일어날 수 있다고 규칙을 말해주시고 잘했을 때 칭찬을 많이 하시고 보상도 해주시면서 집중의 시간을 차츰 늘려 나가세요.

아이들은 장난감이 자신의 수준보다 너무 쉽거나 혹은 너무 어려울 때 흥미를 잃어버리는 경향이 있지요. 아이의 성장 발달 상태에 맞는 장난감인지 한번 살펴보세요.

궁금해요 박사님

초등학생 아들, 이상한 사이트를 검색해요.

12살 아들을 둔 엄마입니다. 오늘 컴퓨터를 하다가 우연히 아들 녀석이 그동안 검색했던 목록들을 보게 되었습니다. 검색 목록 중에 girls란 단어와 boobs라는 영어 단어가 있었습니다. 순간 가슴이 철렁해서 '드디어 걱정했던 일이 터졌구나' 하는 생각을 했습니다. 그날 아이가 학교에서 돌아오자 저는 다그치지 않고 아이에게 사실대로 말하라고 이야기했습니다. 처음엔 자기가 안한 거라고 잡아떼더니 결국 자기가 한 것이라고 솔직하게 말하더군요. 고등학교에 다니는 형들이 이야기 하는 것을 듣고 호기심이 생겨 자신도 그런 것을 검색해 봤다고 했습니다. 사춘기에 접어들면서 아이가 성에 호기심을 갖기 시작했는데 제가 어떻게 해줘야 할까요? 그냥 이렇게 지나가야 하는 것인지 아니면 성교육을 따로 시켜야 하는건지 모르겠습니다. 며칠 전에는 아들 녀석이 같은 동성 친구에게 사랑한다고 장난삼아 말하더군요. 장난으로 했겠지만 저는 아이가 세상의 안 좋은 문화를 따라하는 것은 아닌지 정말 걱정됩니다. 도와주세요.

이영숙 박사의
성품상담

부부가 함께 아이와 성에 대해 솔직한 대화를 나눠 보세요.

인터넷은 많은 도움을 주기도 하지만 치명적인 해악도 있습니다. 음란물 사이트를 보기 시작하면 잘못된 성지식을 갖게 되고 무엇보다도 중독이 된다는 것이 문제입니다. 아이들은 호기심에서 시작하지만 그냥 두시면 피할 수 없는 문제들을 접하게 되지요. 자녀를 키우면서 엄격하게 다루어 주셔야 하는 것이 이런 종류의 일들입니다. 자녀를 보호하기 위해서는 이런 사이트를 절대로 보지 않도록 지도하시는 일이 중요합니다. 아이의 인터넷 접속을 계속 관찰하시면서 한 번 더 이런 일이 있을 때는 모든 인터넷 사용을 금지한다고 말하셔야 합니다. 부모가 단호하게 그리고 엄격하게 다루어야 할 일이 이런 일들이랍니다. 이번 기회에 왜 이런 사이트를 보지 말아야 하는지를 아빠와 함께 이야기 해주시는 것이 필요합니다. 요즘은 이런 사이트를 가정에서도 차단할 수 있는 프로그램들이 나왔습니다. 그런 프로그램도 알아보면서 사전에 예방을 하셔야 할 것 같습니다. 무엇보다 부모가 아이와 솔직한 성에 대해 이야기를 나누시고, 아이가 궁금해 하는 성에 대해 정확한 답변을 할 수 있도록 부모님도 미리 정보를 알아 두는 것이 중요합니다. 무조건 혼 내키지 마시고 충분히 성에 대해 호기심을 가질 수 있다는 것을 인정하면서 마음을 열고 아이에게 다가가세요.

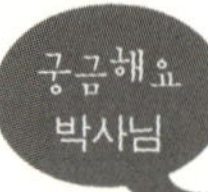

고집 센 아이, 어떻게 타일러야 하나요?

아들이 고집이 세고 자기주장이 너무 강해서 요즘 참 힘이 듭니다. 아이의 요구는 참 다양합니다. 카시트의 밸트를 혼자 매겠다고 하는 것부터 시작해서 마켓에서 장을 본 장바구니까지 자기 혼자 들겠다고 고집을 피웁니다. 요즘은 최대한 아이의 요구를 들어주고 안 될 때는 왜 안 되는지 설명하면서 설득을 시키지만 아이는 절대 자기 고집을 꺾지 않습니다. 자기 요구가 이루어지지 않으면 크게 소리를 지르고 울며 때를 씁니다. 아이 아빠도 결국 못 참고 버럭 화를 내곤 하는데 공공장소에서는 그렇게 화를 내기도 힘듭니다. 집이 아닌 공공장소에서 그냥 내버려 둘 수도 없고 여러가지 방법으로 고민하는데 참 어려운 문제입니다. 고집 센 아이, 어떻게 다뤄야 할까요?

이영숙 박사의 성품상담

게임 법칙을 정해보세요.

고집 센 아이는 심각하게 다루면 힘겨루기가 되어 서로 피곤합니다. 고집 센 사람의 약점은 부드러움입니다. 힘겨루기로 서로의 의지를 꺾으려고 하면 누군가는 부러지는 아픔을 보아야 끝이 납니다. 사랑하는 부모 자녀 사이를 위해서는 너무 큰 피해이지요. 게임처럼 재미있게 유머로 부드럽게 다루셔야 그 고집이 꺾이는지 모르게 자존심이 손상 안 되면서 안전하게 변화됩니다. 게임의 법칙을 정하세요. '이렇게 하기' '이런 것 안하기' 리스트를 아이하고 만들어 냉장고에 붙여놓고 스티커 붙이기를 해보세요. 약속을 지킬 때마다 칭찬하면서 스티커를 붙여 주는 것이지요. 의지가 강한 아이는 성취동기가 높기 때문에 잘해 보려는 의지가 더 성장하게 될 것입니다. 일관성 있게 아이를 가르치면서도 재미있게 아이의 고집을 고쳐 나갈 수 있을 것입니다. 이성적으로 잘 다루셔야 하는 케이스가 바로 고집 센 아이의 훈육법입니다. 설명을 많이 해주고 원칙을 준수해 나가시면 됩니다.

궁금해요 박사님

아이가 친구들 행동을 그대로 따라해요.

33개월 된 우리 아들은 교회나 다른 곳에 가면 또래의 다른 아이들의 행동을 똑같이 따라 해요. 아이들과 어울려서 잘 놀지만 아이가 노는 방법은 친구 따라하는 것입니다. 남을 따라하는 행동, 잘못된 건가요? 어떻게 고쳐야 하는 건가요?

이영숙 박사의 성품상담

아이들은 모방을 통해 배웁니다.

아이들에게는 놀면서 다른 아이들을 따라하는 것이 바로 사회성을 배워나가는 통로가 되기도 하지요. 부모를 모방하고, 어른들을 모방하고, 사람들을 모방하면서 좋다고 인식되는 것들을 자기 것으로 만들어 나갑니다. 그래서 따라하지 말라고 다그치는 것보다는 좋은 모델링을 보여주는 것이 더 중요하지요. 친구들을 따라하는 것은 좋은데 그 행동이 부정적인 행동들이라면 문제가 되겠지요? 좋은 행동을 따라할 수 있는 환경을 제공하는 것이 더 중요할 것 같습니다. 나쁜 행동은 따라하지 않도록 주의시켜 주세요.

궁금해요 박사님

사춘기 딸아이와 함께 읽으면 좋은 책들을 추천해 주세요.

큰애가 열세 살 딸아이입니다. 서로 많이 마음을 열려고 노력하고 있습니다. 그런데 요즘 딸아이가 사춘기를 겪고 있습니다. 아이를 도와줄 수 있는 엄마가 되고 싶은데 마음처럼 잘 되지 않습니다. 아이에게 공감이 갈 수 있는 책이나 저도 함께 읽으며 대화할 수 있는 책들이 있다면 권해주세요.

이영숙 박사의
성품상담

위인전기를 추천합니다.

사춘기자녀를 키우는 부모님과 더불어 자녀에게 저는 위인전기를 추천합니다. 청소년들의 롤 모델이 담긴 시리즈들은 이전에 나온 '반기문' 총장이나 '오프라 윈프리'를 다룬 내용을 비롯해서 많은 사람들을 다루고 있지요. 위인집시리즈가 호감이 가는 큰 이유는 이미 사망을 했거나 교과서에서 다루는 예전 위인이 아니라 지금 현대를 살고 있고, 여러 방송이나 매스컴에서 늘 자주 접할 수 있는 인물들을 다루고 있다는 점 때문입니다. 다양한 분야에서 자신의 어려웠던 어린 시절을 잘 이겨내고 그 분야에서 이름을 알리며 여러 사람들에게 많은 교훈을 주고 있지요. 또한 영향력을 갖고 있는 현존 인물을 소개함으로써 책을 읽은 이후에도 그 인물에 대해 접할 수 있게 되어 더 많은 공감을 가지게 됩니다.

자녀뿐 아이라 어머님도 함께 읽은 후 자주 아이와 책 내용은 물론 그들의 의지나 노력에 대해 여러 가지 이야기를 나누신다면 큰 도움이 될 것입니다

예를 들면 스티브 잡스의 전기를 통해 가족과 인생, 사업, 정신세계, 인간관계 등을 살펴보며 스티브 잡스를 뛰어난 기술전문가, 제품 창조자 등의 인물로 만든 근원적인 힘이 무엇인지를 알아보게 하세요. 또한 스티비 원더의 경이로운 인생을 통해서 세상을 헤쳐 나갈 수 있도록 자립심과 강인함을 배우게 될 것입니다. 특히 그의 어머니 룰라의 교육관과 끊임없는 노력으로 거장의 반열에 오르기까지의 과정을 통해서 어머님도 도움을 받으실 것입니다.

맺음말

2005년 1월에 "네 성품을 고치고 성품을 가르치라"는 내면의 목소리를 따라 성품교육을 시작한지 7년이라는 세월이 넘어갔습니다.
아무도 가지 않던 길, 성품의 그 길을 혼자서 묵묵히 걸어갔습니다.
어찌 해야 할지 답이 안보여 당황하던 그 길에
하나, 둘씩 마음을 같이 하는 사람들이 모여 들었고
새롭게 펼쳐진 성품교육에 개인과 가정과 학교들이
변화하기 시작했습니다.

성품교육을 받은 자녀들의 변화에 부모들이 놀라 동참하면서
성품교육은 유아, 초등, 청소년, 청년, 학부모, 교사들의 교육으로
확장하게 되었습니다.
성품은 이처럼 향기가 되어 온 세상에 날아가기 시작했습니다.
한국에서 시작한 성품 교육이 중국으로 미국으로 아프리카로…

이제, 성품교육은 '한국형 12성품 교육론'이라는
학문이 되어 날아가기 시작했습니다.
뒤에서 따라오던 이들이 성품교육을 받은 후의 효과 검증을
시작하면서 연구 논문들이 뒤를 이어 나오게 되었습니다.

한사람의 날개 짓이 세상의 변화를 일으키는 물꼬가 되듯이
이 시대의 나비효과가 된 성품교육이
또 다른 성품의 향기가 되어 세상을 행복하게 변화시키는 원동력이
되기를 소망해 봅니다.

이 책은 필자가 틈틈이 '성품 칼럼'으로 써왔던 글들을 모아
책으로 엮어 보았습니다.
또 필자의 성품교육을 받은 다양한 세대의 변화들을 사례로 담아
함께 엮어 보았습니다.

이 책은 필자 혼자서 만든 이야기가 아닌 우리 모두의 이야기,
그래서 더욱 아름다운 향기가 되어 세상으로 날아갈 수 있을 것
같습니다.
한 마음보다 여러 마음이 모이면 더욱 귀한 향기가 되기 때문이지요.

부디 이 향기가 어두운 곳, 그늘진 곳,
습하고 우울한 곳들을 찾아가 세상을 밝히고 아름답게 만드는
귀한 향기가 되어 날아가기를 소망해 봅니다.

2012. 9월에 좋은나무성품학교에서 이영숙 드림.

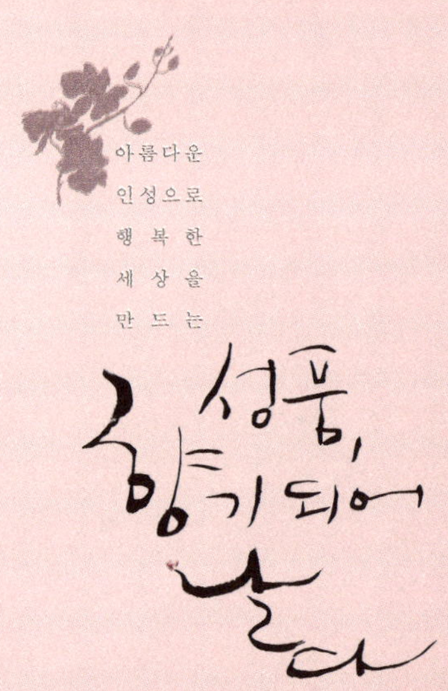
아름다운
인성으로
행복한
세상을
만드는
성품, 향기되어 날다